LA VIE
ET LES
AVANTURES
SURPRENANTES
DE
ROBINSON CRUSOE

Contenant son retour dans son Isle, &
les autres nouveaux Voyages.

Écrit par lui-même.

TRADUIT DE L'ANGLOIS.

IMPRIME TROISIEME.

I0089198

A AMSTERDAM,
Chez l'Honoré & Chatelain

M. DCC. XXI.

PREFACE.

Es deux premiers Tomes des
Avantures DE ROBINSON
CRUSOE ont été si génerale-
ment goûtez, qu'on ne sçauroit douter du succès des deux autres. Il
est bien vrai, que c'est assez le sort des derniers Volumes de tomber beaucoup. Il est aisé d'en trouver la raison dans le caractere mé-
me d'Esprit humain. Si un Auteur veut continuer un Ouvrage de raisonnement ou de fic-
tion, l'Esprit se lasse, la raison s'émousse, le
feu se dissipe, l'invention se tarit. S'il compose quelque Histoire, les évenemens qu'il a
rangez dans son cerveau, lui plaisent infiniment davantage au commencemens de son travail, que lorsqu'il l'a déja poussé fort loin.
Le stile est d'abord dans toute sa beauté, rien
ne le gêne; les expressions naissens en foule sous
sa plume. Il faut dans la suite decrire des évenemens semblables il s'agit d'épargner au Lecteur l'ennui que la nature même a attaché à
la répetition. Il faut donner la torture a son
génie, pour chercher des synonymes, & pour
varier les portraits. On est peu naturel, on le

PREFACE.

sent; l'Ouvrage commence à plaire moins à l'Auteur lui même, & de degré en degré plus il devient désagréable à celui qui le compose, plus il baïsse & devient médiocre ou mauvais.

Malgré cette verité incontestable, fondée sur la Raison, & sur l'expérience, j'ose avancer que les deux derniers Tomes des Avantures de ROBINSON CRUSOE n'égalent pas seulement les deux premiers, mais qu'ils les surpassent de beaucoup. Robinson Crusoe Auteur, semble entrer dans le Caractere de Robinson Crusoe qui voyage, & qui d'abord grossier, ignorant, pauvre raisonneur, sent son esprit, se meurir par l'âge & par l'expérience. Dans ses Volumes ici il pense mieux, parle mieux, raisonne plus conséquemment, il écrit d'un stile moins embarassé, plus poli, & plus conforme au goût des gens d'esprit. Il acquiert tous ces avantages sans perdre celui de la nayveté sans se jetter dans l'ostentation du bel Esprit.

Si l'on trouve dans les premiers Volumes plusieurs tableaux aussi justes, que vifs, des sentimens & des réflexions qui doivent répondre aux évenemens. L'on en verra ici d'une justesse & d'une vivacité infiniment plus grandes on en verra de mieux développez & de moins chargez de circonstances petites & inutiles.

Ce qu'il y a de surprenant & d'extraordinaire dans les premieres Avantures de nôtre Voyageur, pourroit faire croire, qu'il n'est

pas

pas pofsible que dans ses nouveaux Voyages il ait été sujet a des révolutions aussi étonnantes & aussi merveilleuses que celles, qui ont frapé le Lecteur dans les premiers Volumes & qu'ici par conséquent des évenemens plus communs doivent faire naître des reflexions plus communes & moins susceptibles d'une description pathetique.

Cette aparence est fort trompeuse ; les Volumes suivans l'emportent encore sur les premiers pour la variété, pour le nombre, & pour le merveilleux des Avantures.

Je connois des personnes sensées, qui ont été rebutées par le long séjour de nôtre Voyageur dans son Isle. Il leur sembloit, qu'ils s'occupoient avec lui des années entieres à dresser une hute, à élargir une caverne, & à faire une palissade ; ils se sont imaginez qu'ils l'aidoient pendant plusieurs mois à polir une seule planche, & ils se croyoient aussi emprisonnez dans leur Lecture, que le pauvre Robinson l'étoit dans sa Solitude. Ils n'ont commençé à respirer avec nôtre Voyageur, qu'à l'arrivée de VENDREDI, qui a ranimé leur attention rebutée par des recits trop uniformes. Quoique je croye que c'est leur faute plûtôt que celle de l'Auteur, & que ces particularitez petites en elles-mêmes doivent être interessantes pour tous ceux qui ont assez d'imagination & de sentimens pour se mettre à la place de nôtre Avanturier & pour s'aprisser sa situation & ses pensées, j'ose leur promes-

ā 2

PREFACE.

mettre qu'ils ne rencontreront pas icy une pareille source d'ennui & de dégoût.

Pour les en convaincre, je placerai ici un Sommaire fort abregé des Avantures de Robinson Crusoe, contenües dans cette treisiéme Partie.

Quoiqu'avancé en âge, maître d'un bien considérable & chargé d'une Famille. Robinson Crusoe ne pouvant s'accommoder d'une vie tranquille & sedentaire, ne respire que de nouvelles courses ; il n'éxécute son projet cependant qu'après la mort de sa femme, & ayant reçû une visite de son Neveu, qui devoit aller aux Indes en qualité de Capitaine d'un Vaisseau Marchand, il se détermine, à l'accompagner : sçachant que le Navire doit toucher au Brezil, & lui donner par-là occasion de revoir sa chere Isle, il met une somme considérable à acheter pour sa Colonie, tout ce dont elle pouvoit avoir besoin. Il y arrive, après avoir eu par mer deux Avantures aussi surprenantes & décrites d'une maniere aussi pathetique, qu'il est possible de se l'imaginer. Il y voit les Anglois qu'il y avoit laissez, & les Espagnols qui y étoient arrivez depuis. Ces derniers lui font un recit touchant de mille sceleratesses, & de plusieurs noires conspirations, que les Anglois avoient formées contre eux & des moyens par lesquels ils avoient été à la fin desarmez, & assujettis au reste de la Colonie. Ils lui font encore l'Histoire d'une terrible guerre, qu'ils avoient

soû-

PREFACE.

foûtenuë contre les Sauvages, dont à la fin
ils en avoient pris & rendu tributaires une
quarantaine, après avoir vû leurs plantations ruïnées par ces Barbares. Il trouve dans
l'Isle les Anglois accouplez à des femmes
Sauvages, qu'ils avoient été chercher dans
un autre Isle, par une entreprise aussi témé-
raire qu'heureuse dans sa réüssite. Il leur fait
contracter avec leurs Concubines des Mariages légitimes par le moyen d'un Prêtre Catholique Romain, homme fort zelé, & d'u-
ne Dévotion exemplaire ; & il a le plaisir de
voir ces scelerats se convertir, & faire des
Proselytes de leurs femmes.

Le Vaisseau prend la route des Indes
Orientales, & relâche à Madagascar, où
un des Matelots, tué par les Insulaires,
excite tout l'Equipage à en tirer vengeance.
La plûpart de ceux qui le composent, dé-
barquent pendant la nuit, & malgré les re-
montrances de Robinson, ils se jettent sur une
petite Ville, y mettent le feu, & massacrent
tous les Habitans, sans distinction ni d'âge
ni de sexe. L'humanité de l'Auteur est tellement choquée de cette barbarie, qu'il la
leur reproche dans toutes les occasions, ce
qui les irrite tellement, que parvenus à
Bengale, ils le laissent à terre malgré le
Capitaine, qui lui fournit une bonne somme
d'argent, un Valet, & un Compagnon de
Voyage. Robinson y trouve un Marchand
Anglois, s'associe avec lui, & parcourt

toutes

toutes les Côtes des Indes, où il fait un né-
goce fort avantageux Ils achetent un Vaiffeau de certains Matelots, qui fe l'étoient
approprié après la mort de leur Commandant, mais ignorant cette perfidie, ils s'en
croyent proprietaires de bonne foi. Ils continuent leur commerce, mais le Navire
étant reconnu dans un des Ports de Siam,
des Marchands Anglois & Hollandois les
font attaquer par leurs chaloupes, dans le
deffein de les faire pendre, comme Pira-
tes, & ils échappent de ce danger par un
coup extraordinaire de la Providence. N'o-
fant plus entrer dans aucun Port frequenté,
ils trouvent fur les Côtes de la Chine un Pi-
lote Portugais qui les conduit vers le Nord
de cet Empire dans un petit Port prefque
inconnu : ils y vendent leurs denrées à leur
fatisfaction, & fe défont de leur Vaiffeau,
ils vont voir Nanquin & Pexin, la Cour
du Monarque de la Chine, & y trouvent
une Caravane de Marchands Mofcovites,
avec laquelle ils refolvent d'aller par la
grande Tartarie, jufques dans la Mof-
covie. Ils font attaquez dans leurs marches,
à differentes reprifes, par de petites armees
formelles de Tartares, & parviennent a la
fin après plufieurs Avantures des plus fur-
prenantes, & à travers mille difficultez
prefque infurmontables, à Tobolsky Capitale de la Syberie.

Robinfon y lie amitié avec un Prince,

banni

PREFACE.

banni dans ce Desert, & etant sur le point
de partir, il lui offre de le sauver, & de le
mener avec lui parmi ses Domestiques Le
Prince refuse ce parti, & fait des discours
parfaitement beaux sur le faux bonheur,
qu'on emprunte du rang & de la richesse,
sur le caractere de la veritable felicité, &
sur les secours, que la Sagesse tire de la retraite, & d'un état médiocre. Il prie pourtant l'Auteur de rendre ce service a son fils.
Il s'y engage, & resolu de gagner Archangel, il prend des routes détournées, marche avec son train en guise d'une petite Caravane, & évite avec soin les Garnisons
Russiennes, pour ne point hazarder son il-
lustre Compagnon de Voyage. Ils sont de nouveau attaquez dans un Desert par quelques
Hordes de Tartares Kalmucks, qui contre
leur ordinaire s'étoient répandus jusques là :
Assiegés dans leur Camp par ces Barbares,
ils se dérobent pendant l'obscurité de la nuit,
& gagnant des lieux sûrs, ils arrivent a
Archangel. Ils trouvent dans ce Port un
Bâtiment de Hambourg, où ils s'embar-
quent. Enfin ils entrent dans l'Elbe font de
grands profits sur leurs Marchandises,
vont par terre jusqu'en Hollande, s'y em-
barquent, & reviennent en Angleterre,
l'Auteur ayant mis dans tous ces Voyages dix
ans & neuf mois.

Cette espéce de petit extrait, où l'on n'a
touché que les Chefs généraux, fera voir
suffi-

PREFACE.

suffisamment, j'espere, jusqu'à quel point les troisiéme & quatriéme Tomes meritent de s'attirer la curiosité du Lecteur.

Je ne m'arreterai pas long temps à justifier cette Histoire dans l'esprit de ceux qui continuent à la traiter de fabuleuse. Fable, ou non, qu'importe? Les Avantures de Telemaque sont fabuleuses aussi; mais on n'en estime pas moins ce Livre admirable. C'est une Fable, mais fertile en Moralitez excellentes, plus propre à instruire, que les veritez les plus certaines. Celles de Robinson, quoiqu'écrites d'un autre style, & dans un autre goust, sont pleines aussi de très bonnes Leçons, & l'on feroit bien d'en profiter, au lieu d'examiner avec tant de severité, si l'on nous débite ici des effets de la Providence, ou des effets de l'invention. Ce que je puis soutenir pourtant avec sincerité, c'est qu'il y a de très honnêtes gens, dans nos Villes Marchandes, qui assurent avoir vu nôtre Voyageur au retour de ses derniers Voyages, d'avoir mangé avec lui, & de lui avoir entendu reciter une partie des Avantures qu'on voit dans ces quatre Volumes.

Quoiqu'il en soit, il n'est pas nécessaire de trop creuser ce sujet, cet Ouvrage amuse, & il est utile; le Public seroit trop heureux, s'il trouvoit le même caractere dans la plupart des Livres nouveaux.

SUITE

SUITE

DES

AVANTURES

DE

ROBINSON CRUSOE.

L'HISTOIRE de ma Vie véri-
fie parfaitement l'ancien Proverbe, qui dit, *qu'un Vase de terre
ne perd jamais l'odeur dont il a été
d'abord imbu.* Après avoir lutté
trente cinq ans avec une variété de malheurs, dont les exemples sont fort rares, j'a-
vois joüi pendant sept ans de tout ce que l'a-
bondance & la tranquilité du corps & de
l'esprit ont de plus agréable ; mon âge étoit
déja fort avancé, & j'avois apris par une
longue expérience, que rien n'étoit plus propre à rendre l'homme heureux que la médio-
crité. Qui ne croiroit que dans cette agréable situation, ce goût, né avec moi pour les

Voyages , & pour les Avantures , fe feroit
épaporé avec le feu de ma jeuneffe , & qu'à
l'âge de foixante-un an , je ferois au deffus de
tous les caprices capables de tirer quelqu'un
de fa Patrie ?

D'ailleurs le motif ordinaire qui nous détermine à ce parti , ne pouvoit plus avoir lieu
chez moi ; il ne s'agiffoit plus de faire fortune , & à parler fagement j'étois dans un état
où je ne devois pas me croire plus riche par
l'acquifition de cent mille livres ; j'avois du
bien fuffifamment pour moi & mes héritiers.
Il s'augmentoit même de jour en jour , car
ma Famille étant petite , je ne pouvois pas
dépenfer mes revenus , à moins que de me
donner des airs au deffus de ma condition ,
& de m'accabler d'Equipages , de Domefti-
ques , & d'autres ridicules magnificences ,
dont j'avois à peine une idée , bien loin d'en
faire les objets de mon inclination. Ainfi le
feul parti qu'un homme fage auroit pris à ma
place , c'eft de joüir paifiblement des prefens
de la Providence , & de les voir croître fous
fes mains.

Toutes ces confidérations cependant n'a-
voient pas la force néceffaire pour me faire
réfifter long-tems au penchant que j'avois de
me perdre dans le Monde , de nouveau. C'é-
toit comme une véritable maladie , & fur
tout le defir de revoir mon Ifle , mes Plantations , & la Colonie que j'y avois laiffée , ne
me laiffoit pas un moment de repos ; c'étoit
l'uni-

l'unique sujet de mes pensées , pendant le jour , & de mes rêves pendant la nuit ; j'en parlois tout haut même quand je ne dormois pas , & rien au monde n'étoit capable de me l'ôter de l'esprit ; tous mes discours se tournoient tellement de ce côté-là , que ma conversation en devenoit ennuyeuse , & je me donnois par là un ridicule dont je m'apercevois fort bien sans me sentir en état de l'éviter.

Au sentiment de plusieurs personnes sensées , tout le bruit que le peuple fait sur les Spectres , & sur les aparitions , n'est dû qu'à la force d'une imagination déreglée , & destituée du secours de la Raison , & que ces promenades des esprits & des Lutins sont de pures chimeres. Le souvenir vif qu'on a quelquefois de ses amis , & de leurs discours , saisit d'une telle maniere l'imagination dans certaines circonstances , qu'on les croit voir réellement , leur parler , & entendre leurs réponses. C'est ainsi , selon ces habiles gens , que le cerveau frapé peut prendre l'ombre pour la réalité même.

Pour moi je puis dire , que jusqu'ici je ne sai pas par ma propre expérience , s'il y a véritablement des Esprits qui *aparoissoient* après avoir été séparez des Corps ; je ne décide pas non plus que ce ne sont que des vapeurs qui offusquent un cerveau malade. Mais je sais fort bien que dans ce tems-là , j'étois la dupe de mon Imagination à un tel point , & qu'elle

me transportoit si fort hors de moi-même,
que quelquefois je pensois être véritablement
devant mon Château, entouré de toutes mes
Fortifications, & voir distinctement mon Espagnol, le Pere de *Vendredi*, & les scelerats
Anglois que j'avois laissez dans mes Domaines : Je dis plus, je parlois souvent à ces per-
sonnages chimériques, & quoi qu'éveillé,
je les regardois fixement comme des gens qui
étoient réellement devant mes yeux. Cette
illusion alloit plusieurs fois si loin, que ces
images fantastiques me jettoient dans des
frayeurs réelles. Dans un songe que j'eus
un jour, l'Espagnol & le vieux Sauvage me
firent une relation si particuliere, & si vive
de plusieurs trahisons des trois Rebelles Anglois, que c'étoit la chose du monde la plus
surprenante. Ils me raconterent, que ces
perfides avoient fait le projet de massacrer
tous les Espagnols, & qu'ils avoient brûlé
toutes leurs provisions, pour les faire mourir
de faim. C'étoient des choses, dont je n'a-
vois jamais entendu parler, & qui n'avoient
pas une entiere réalité ; mais que sur la foi de
ce rêve, je ne pus m'empêcher pourtant de
croire absolument véritables, jusqu'à ce que
je fusse pleinement convaincu du contraire.
J'avois rêvé en même tems, que sensible aux
accusations des Espagnols j'examinois ces
scelerats, & je les condamnois à être pendus
tous trois. On verra dans son lieu ce qu'il y
avoit de réel dans cette Vision , mais quelle
que

que fût la cause, qui me l'offrit à l'imagination, elle n'aprochoit que trop de la vérité,
quoiqu'elle ne fut pas vraie en tout au pied de
la lettre, & la conduite de ces diables incar-
nés avoit été tellement abominable, que si à
mon retour dans l'Isle je les avois fait punir
de mort, je leur aurois fait justice, sans pouvoir passer pour criminel, ni devant Dieu,
ni devant les hommes.

Quoi qu'il en soit, je vécus plusieurs années dans cette situation, sans trouver le
moindre agrément, le moindre plaisir en aucune chose; à moins qu'elle n'eût quelque relation à mon bizarre penchant. Mon Epouse voyant avec quelle impétuosité toutes mes
idées me portoient vers des projets si dérai-
sonnables, me dit une nuit, qu'à son avis
ces mouvemens irrésistibles venoient de la
Providence, qui avoit déterminé mon retour dans cette Isle, & qu'elle ne voyoit rien
qui pût m'en détourner que ma tendresse
pour elle, & pour mes Enfans; qu'elle étoit
sûre, que si elle venoit à mourir je prendrois
ce parti sans balancer, mais que la chose
étant résolue dans le Ciel, elle seroit au dé-
sespoir d'y mettre un obstacle elle seule. . . .
J'étois si attentif à ce discours & je la regardois si fixement qu'elle perdit contenance, &
qu'elle s'arrêta tout court. Je lui demandai
pourquoi elle ne continuoit pas à me dire
tout ce qu'elle pensoit là-dessus; mais je
m'aperçûs qu'elle avoit le cœur si plein, que
A 3   les

les larmes commençoient à lui couler des
yeux. *Parlez donc, ma chere, lui dis-je,
souhaisez-vous que je m'en aille?* NON,
répondit-elle, *Il s'en faut beaucoup, mais si
vous y êtes résolu plûtôt que de vous en détourner, je suis prête à vous accompagner; car,
quoi que je trouve ce parti fort incompatible
avec vôtre âge, & fort mal assorti à l'état de
vôtre fortune, si la chose doit être absolument,
je ne suis pas d'humeur à vous abandonner;
vous êtes obligé de le faire si ce desir si violent
vous vient du Ciel, vous ne sçauriez y résister
sans manquer à vôtre devoir, & je manquerois
au mien, si je ne prenois pas le parti de vous
suivre.*

Ces tendres paroles de ma femme dissipe-
rent un peu mes vapeurs, & me firent réflé-
chir d'une maniere plus calme sur la nature
de mon dessein; je me mis devant les yeux
tout ce qu'il y auroit d'extravagant pour un
homme de mon âge, de se précipiter de nouveau sans aucun motif plausible, dans les
Hazards, dont j'étois sorti si heureusement,
& dans des miseres qui auroient été suivies
d'une vie parfaitement heureuse, pourvû
que moi-même j'eusse bien voulu n'y pas répandre de l'amertume.

Je considérai, qu'outre qu'il n'y a que la
jeunesse, & la pauvreté capables d'inspirer de
pareils desseins, j'avois une Epouse & un enfant, qui alloit bien-tôt être suivi par un autre; que j'avois tout ce que je pouvois desi-

rer , & que j'étois affez vieux pour fonger
plûtôt à me féparer bientôt pour jamais de ce
que j'avois acquis , qu'à l'accumuler. Pour
ce qui regarde *l'avertiffement intérieur du Ciel,*
auquel ma femme attribuoit mon deffein , je
n'en étois pas trop convaincu, & après avoir
lutté pendant long-tems avec la force de mon
imagination , j'en devins enfin le maître,
comme je croi qu'on peut faire toûjours en
pareil cas, pourvû qu'on le veüille férieufe-
ment : je réüffis peu à peu à me tranquilifer
par les raifonnemens dont je viens de faire
mention ; mais ce qui y contribua le plus,
c'eft le deffein, que je pris de mé donner
de l'occupation , & de me chercher quelques
affaires propres à ne me pas laiffer le loifir de
livrer mon imagination à ces idées capricieu-
fes. Car je m'étois aperçu que jamais mon
cerveau n'en étoit rempli que quand j'étois
dans l'oifiveté , & que je n'avois pas fur quoi
exercer l'activité naturelle de mon Efprit.

Conféquemment à cette nouvelle réfolution, j'achetai une Métairie dans le Comté
de Bedford, dans le deffein de m'y retirer : la
maifon étoit jolie, & les Campagnes qui
étoient autour , étoient fort propres à être
améliorées. Rien ne me convenoit mieux,
puifque naturellement j'avois beaucoup de
goût pour l'Agriculture , & pour tous les
foins qu'il faut fe donner pour accroître les
revenus d'une terre. D'ailleurs ma maifon
de Campagne étoit éloignée de la mer , ce

qui m'empêchoit de renouveller mes folies
par le commerce de gens de mer, & par le
recit de tout ce qui regardoit les païs loin-
tains.

M'y étant établi avec toute ma Famille,
j'achetai des charruës avec tout ce qu'il
faut pour cultiver les terres ; je me fournis
de charettes, d'un chariot, de chevaux,
de vaches, de brebis ; & me mettant à travailler avec aplication, je me vis en six
mois de temps un véritable Gentilhomme
campagnard. Je me donnai tout entier à
diriger mes Laboureurs, à planter, à faire des enclos, & je crus mener la vie la
plus fortunée, que la Nature puisse fournir à un homme, qui après de longs embarras cherche un azile contre de nouvelles
infortunes.

Je cultivois ma propre Terre, je n'avois
point de Rentes à payer, j'étois le maître
de planter, d'arracher, de bâtir, de jetter
bas, tout comme je le trouvois à propos ;
tout ce que je recuëillois étoit pour moi même, & toutes mes *ameliorations* étoient pour
le bien de ma posterité. Je ne songeois plus
à reprendre le cours de ma vie errante, &
me trouvant exempt de tout chagrin, je
croyois véritablement avoir attrapé cette
heureuse Mediocrité, dont mon pere m'a-
voit si souvent fait l'éloge ; les douceurs
que je goûtois alors dans la vie, me rapel-
loient souvent dans l'esprit ce Vers d'un
Poëte.   Eloi-

Eloigné des Cours & des Vices
Ici du siècle d'Or je trouve le Destin.
La jeunesse en nos Champs est libre de caprices
Et la vieillesse est sans chagrin.

Je fus troublé dans cette felicité par un
seul coup imprévû de la Providence, dont
non-seulement le funeste effet étoit irremédia-
ble, mais dont les conséquences encore me
replongérent dans mes fantaisies plus profon-
dement que jamais. Cette funeste disposition
à courir le monde, ressembloit chez moi à
une maladie qui est dans le sang, & qui rete-
nuë pendant quelque tems par les remedes,
s'empare du corps avec une violence irrésisti-
ble. Le coup dont je parle étoit la perte de
mon épouse.

Mon but n'est pas icy de faire son panégi-
rique, d'entrer dans le détail de ses bonnes
qualités, & de faire la cour au beau Sexe,
en composant une harangue à l'honneur de
ma femme. Je dirai seulement qu'elle étoit
le soûtien de toutes mes affaires, le centre de
tous mes projets, l'auteur de toute ma felicité; puisque que par sa prudence elle m'avoit
detourné de l'execution de mes desseins chimériques. Ses tendres discours avoient fait de
plus utiles impressions sur moi, que ma propre raison, les larmes d'une Mere, les sages
préceptes d'un Pere éclairé, & les prudens
conseils de mes amis n'avoient été autrefois
capables de faire sur mon esprit. Je m'étois
feli-

felicité mille fois de m'être laissé gagner par sa douceur, & par son attachement pour moi; & par sa mort je me considérois comme un homme déplacé dans le Monde, & privé de tout secours, de toute consolation.

Dans ce triste état je me voyois aussi étranger dans ma Patrie que j'étois dans le Brezil quand j'y abordai, & quoi qu'environné de mes domestiques, je me trouvois presqu'aussi seul, que je l'avois été dans mon Isle. Je ne sçavois quel parti prendre; je voyois autour de moi tous les hommes occupez, les uns à gagner leur vie par le travail le plus rude, les autres à se perdre dans de ridicules vanitez ou à s'abîmer dans les vices les plus honteux, sans atteindre les uns & les autres à la felicité que tout le monde se propose pour unique but. Je voyois les riches tomber dans le dégoût du plaisir par l'habitude de s'y livrer, & s'amasser par leurs débauches, un Tresor fatal de douleurs & de remords; je voyois le pauvre au contraire employer toutes ses forces pour gagner dequoi les soûtenir, & roulant dans un cercle perpetuel de peines & d'inquiétudes, ne travailler que pour vivre, & ne vivre que pour travailler.

Ces réflexions me firent ressouvenir de la vie, que j'avois menée autrefois dans mon petit Royaume, où je n'avois semé qu'autant de blé, qu'il m'en falloit pour un an, & où je n'avois pas daigné ramasser de grands troupeaux, parce qu'ils ne m'étoient pas nécessaires pour ma nourriture, enfin où je laissois moisir l'argent sans l'honorer d'un seul de mes regards pendant plus de vingt années.

Si de toutes ces considérations j'avois tiré le fruit vers lequel la raison & la réflexion me guidoient, j'aurois apris à chercher une felicité parfaite ailleurs que dans les plaisirs de cette vie ; j'aurois tourné mes idées vers une fin fixe où tend tout ce qui nous arrive sur la terre, & à laquelle la vie presente doit servir de préparatif ; en un mot j'aurois dû songer à un bonheur, dont il est de nôtre interêt de nous assûrer la possession, & dont nous pouvons dès-à-present goûter les prémices.

Mais avec mon épouse j'avois perdu mon Guide ; j'étois comme un Vaisseau sans gouvernail, que les vents balottent à leur gré, ma tête s'ouvroit de nouveau aux Courses, & aux Avantures ; tous mes amusemens innocens, mes Terres, mon Jardin, ma Famille, mon Bétail, qui m'avoient donné une occupation si satisfaisante, n'avoient plus rien de piquant pour moi. C'étoit de la musique pour un homme qui n'a point d'oreilles, & des Mers pour un malade dégoûté, & sans apetit. Cette triste insensibilité pour tout ce qui m'avoit procuré quelque tems auparavant les plus doux plaisirs, me fit prendre le parti d'abandonner la Campagne, & de retourner à Londres.

Ce même ennui m'y accompagna, je n'y avois aucune affaire ; j'y courois çà & là sans des-

deſſein comme un homme deſœuvré, dont
on peut dire qu'il eſt abſolument inutile parmi tous les êtres créés, & dont la vie & la
mort doivent être également indifférentes
pour les autres hommes.

C'étoit auſſi de toutes les ſituations de la
vie humaine, celle pour qui j'avois le plus d'a-
verſion, accoûtumé comme j'étois depuis ma
plus tendre jeuneſſe à une vie active. A mon
avis les Pareſſeux ſont la lie du Genre humain, & je croyois ma conduite preſente infiniment moins conforme à l'éxcelence de ma
Nature, que celle que j'avois euë dans mon
Iſle en employant un mois entier pour faire
une planche.

Au commencement de l'Année 1693, mon
Neveu que j'avois élevé pour la Mer, & à
qui j'avois donné un Vaiſſeau à commander,
revint d'un petit voyage qu'il avoit fait à Bil-
bao, le premier qu'il eût fait en qualité de
Maître. M'étant venu voir, il me dit que
certains Marchands lui avoient propoſé de
faire un voyage pour eux dans les Indes &
dans la Chine ; *Eh bien, mon Oncle*, continua-t'il, *feriez-vous ſi mal de venir avec moi ?*
je me fais fort de vous faire revoir vôtre Iſle,
car j'ai ordre de toucher au Brezil.

Rien à mon avis n'eſt une preuve plus ſen-
ſible d'une Vie à venir, & de l'exiſtence d'un
Monde inviſible, qu'un certain concours des
cauſes ſecondes avec les idées qui nous rou-
lent dans l'eſprit, ſans que nous les commu-
niquions à ame qui vive.　　　　　Mon

Mon neveu ignoroit parfaitement jufqu'à quel point mon penchant de courir le monde s'étoit ranimé, & je ne fçavois rien de mon côté de fa nouvelle entreprife. Cependant le même matin, fans que je m'attendiffe à fa vifite, je m'étois occupé à confronter mes defirs avec toutes les circonftances de la condition où je me trouvois, & j'avois pris à la fin la réfolution que voicy : Je voulois aller à Lifbone pour confulter mon vieux Capitaine Portugais fur mes deffeins, & s'il les trouvoit fenfez & praticables, je voulois m'affurer d'une Patente, qui me permit de peupler mon Ifle, & d'y emmener avec moi une Colonie. A peine me fus-je fixé à cette penfée, que voila précifément mon neveu qui entre, & qui me propofe d'y aller avec lui.

Sa propofition me jerta d'abord dans une profonde rêverie, & après l'avoir regardé attentivement pendant une minute : *Quel malin efprit*, lui dis-je, *vous a envoyé ici pour me fourrer dans la tête cette malheureufe idée :* Il parut d'abord étonné de ces paroles, mais s'appercevant pourtant, que je n'avois pas un fort grand éloignement pour ce projet, il fe remit : *Comment donc, Monfieur*, me dit-il, *cette propofition eft elle fi forte à rejetter ? Il eft affez naturel, ce me femble, que vous fouhaitiez de revoir vos petits Etats, où vous avez regné autrefois avec plus de félicité, que ne goûtent vos freres les autres Monarques.*

En un mot, le projet répondoit avoit tant
de

de justesse à la disposition de mon esprit, que j'y consentis, & que je lui dis, que s'il s'accordoit avec ses Marchands, par raport à ce voyage, j'étois résolu à le suivre, pourvû que je ne fusse pas obligé d'aller plus loin que mon Isle.

Comment donc, Monsieur, me dit-il, *je n'espere pas que vous ayez envie d'y être laissé, & d'y vivre de nouveau à vôtre vieille maniere. Point du tout*, répondis-je, *ne pouvez-vous pas me reprendre en revenant des Indes?* Il me repliqua, qu'il n'y avoit point d'aparence, que ses Marchands lui permissent de faire ce détour avec un Vaisseau chargé, puisqu'il pouvoit allonger le voyage de plusieurs mois; *d'ailleurs*, dit-il, *si j'avois le malœur de faire naufrage, vous seriez précisément dans la mê-me triste situation, dont vous vous êtes tiré avec tant de bonheur.*

Il y avoit beaucoup de bon sens dans cette objection, mais nous trouvâmes un moyen pour remédier à cette inconvénient, c'est d'embarquer avec nous toutes les piéces formées d'une grande Chaloupe, & quelques Charpentiers qui pussent en cas de besoin les joindre ensemble, & y donner la derniere main dans l'Isle, ce qui me rendroit facile de passer de-là dans le Continent.

Je ne fus pas long-tems à prendre ma derniere résolution; car les importunitez de mon neveu compâtissoient si bien avec mon inclination, qu'aucun motif au monde ne fut capapable de la contrebalancer. D'un autre côté, ma femme étant morte, il n'y avoit personne qui s'intereſsât aſſez dans mes affaires pour me détourner de ce deſſein, excepté ma veille veuve, qui fit tout ſon poſſible pour m'arrêter par la conſidération de mon âge, de ma fortune, de l'inutilité d'un voyage ſi dangereux, & ſur tout de mes petits enfans. Mais tous ces diſcours ne ſervirent de rien, je lui dis, que mon deſir de voyager étoit irréſiſtible, & que les impreſſions qu'il faiſoit ſur mon eſprit, étoient ſi peu communes, que ſi je reſtois chez moi, je croirois déſobeïr aux ordres de la Providence. Me voyant tellement affermi dans ma réſolution, elle mit non ſeulement fin à ſes conſeils, mais elle me donna toutes ſortes de ſecours pour faire mes préparatifs, & mes proviſions, & pour régler mes affaires de famille, & l'éducation de mes enfans.

Pour ne rien négliger à cet égard, je fis mon Teſtament, & je laiſſai mes biens en de ſi bonnes mains, que j'étois perſuadé que mes enfans ne perdroient rien de ce côté-là, quelque accident qui me pût arriver ; & pour la maniere de les élever, je m'en remis entiement à ma bonne Veuve, à qui je deſtinai en même tems un petit revenu ſuffiſant pour vivre à ſon aiſe. J'ai vû dans la ſuite que jamais bienfait ne fut mieux employé, qu'une mere ne pouvoit pas avoir des ſoins plus tendres pour ſes propres enfans, & qu'il n'étoit

pas

pas poſſible de s'y conduire avec plus de prudence. Cette bonne Dame vécût aſſez long-
tems pour me voir de retour , & pour ſentir
de nouveaux effets de ma reconnoiſſance.

Mon neveu fut prêt de mettre à la voile au
commencement de Janvier 1694. & je
m'embarquai avec mon fidéle *Vendredy* dans
les Dunes , le 18. ayant avec moi, outre ma
Chaloupe démontée , une Cargaiſon conſidéra-
ble de toutes ſortes de choſes néceſſaires pour
ma Colonie, dans le deſſein de la laiſſer dans
le Vaiſſeau , ſi je ne trouvois pas mes Sujets
dans un état convenable.

Premierement , j'avois avec moi quelques
valets, que j'avois envie de laiſſer dans mon
Iſle , & de les y faire travailler pour mon
compte , pendant que j'y ſerois ; à eux permis
d'y reſter , ou de me ſuivre quand je prendrois la réſolution d'en ſortir. Il y avoit parmi eux deux Charpentiers, un Serrurier, &
un garçon fort ingénieux , qui quoique *Ton-
nelier* de ſon métier, étoit un Machiniſte univerſel. Il étoit fort adroit à faire des rouës ,
& des moulins à bras pour moudre le blé ; de
plus il étoit *Tourneur*, & *Potier*, & capable
de faire dans la perfection toutes ſortes d'Ouvrages, en *Bois* ou en *Terre* ; en un mot , il
méritoit fort bien le nom de *Factotum*, que
nous lui donnâmes.

Outre ceux - là , je menois avec moi un
Tailleur , qui s'étant offert d'aller aux Indes
avec mon Neveu en qualité de Paſſager, con-
ſen-

sentit ensuite de s'établir dans ma Colonie, c'étoit un garçon fort adroit, & que je trouvai dans la suite d'un fort grand service, par raport à plusieurs choses mêmes éloignées de son métier; car comme j'ai déja dit, rien n'enseigne mieux les Mécaniques que la nécessité.

Ma Cargaison, autant que je puis m'en souvenir, consistoit dans une assez grande quantité de toile, & de petites étoffes minces propres à habiller les Espagnols que je m'attendois à trouver dans mon Isle, & il y en avoit assez selon mon calcul pour les tenir propres pour plus de sept ans. Si l'on y ajoûte toutes les autres choses nécessaires pour les couvrir, comme gands, chapeaux, souliers, bas, il y en avoit environ pour 200. liv. Sterling, y compris tout ce qu'il faloit pour des lits, & la batterie de Cuisine, Pots, Chaudrons, & du Cuivre pour en faire un plus grand nombre. J'y avois joint à peu près cent livres pesant de fer travaillé, comme clous, outils de toute sorte, crochets, gonds, serrures, &c.

Je ne dois pas oublier une centaine d'armes à feu de réserve, mousquets, fusils, pistolets, beaucoup de plomp de tout calibre, & deux piéces de canon de bronze, & comme il m'étoit impossible de prévoir les dangers où ma Colonie pouvoit être engagée un jour, j'avois encore chargé le Vaisseau d'une centaine de barrils de poudre à canon, d'épées,

pées, de fabres, & de plufieurs fers de pique,
& de hallebardes. Outre cela, je priai mon
neveu de prendre avec lui deux petits Canons
de tillac outre le nombre qu'il lui en faloit,
afin de les laiffer dans l'Ifle, s'il étoit néceffaire d'y bâtir un Fort, & de le mettre en dé-
fenfe contre quelque ennemi : Cette précaution n'étoit pas tant inutile, comme j'eus lieu
de penfer en y arrivant, & l'on verra par la
fuite de cette Hiftoire, qu'il n'en faloit pas
moins, fi l'on vouloit fe maintenir dans la
poffeffion de l'Ifle.

Ce voyage réüffit beaucoup mieux que les
autres que j'avois faits par mer, & par conféquent je ne ferai pas fort fouvent obligé
d'arrêter par le recit de quelques accidens fâcheux le Lecteur, impatient aparemment de
fçavoir l'état où fe trouvoit ma Colonie. Il
eft vrai pourtant que nous eûmes d'abord des
vents contraires, & quelques autres contre-
tems, qui firent durer le voyage plus que je
n'avois efperé. Mon voyage de Guinée avoit
été jufques-là l'unique dont je fuffe revenu,
comme je l'avois projetté, ce qui me fit craindre que je ferois toujours malheureux dans
mes courfes; fujet à n'être jamais content à
terre, & à avoir toujours des infortunes en
mer.

Les vents contraires nous poufferent au
commencement vers le Nord, nous forcerent
à entrer dans le Port de *Gallowai* en Irlande,
& nous y retinrent pendant vingt trois jours,
mais

mais nous avions cet agrément dans ce petit defaſtre, que les vivres y étoient abondants, & à bon marché, en ſorte que bien loin de diminuer nos proviſions, nous eûmes occaſion de les augmenter. J'y fis embarquer pluſieurs cochons & veaux, outre deux vaches, que j'avois deſſein, ſi nous avions un heureux paſſage, de débarquer dans mon Iſle : mais je fus obligé d'en diſpoſer autrement.

Nous remîmes à la voile le 5. de Février avec un vent frais, qui dura pendant pluſieurs jours, ſans aucune mauvaiſe rencontre, excepté un accident qui vaut bien la peine d'être raporté dans toutes ſes circonſtances.

Le ſoir du 20. Février nous vîmes entrer le Matelot qui étoit en ſentinelle. Il nous dit qu'il avoit vû de loin un *éclat de lumiere* ſuivi d'un coup de canon, & immédiatement après un Mouſſe vint nous dire que le *Boſſeman* en avoit entendu un ſecond.

Là-deſſus nous montâmes tous ſur le tillac, où pendant quelques momens nous n'entendîmes rien ; mais peu de minutes après nous découvrîmes une grande lumiére, & nous conjecturâmes de-là, que c'étoit un grand incendie.

Nous eûmes auſſi-tôt recours à nôtre *Eſtime*, qui nous fit convenir unanimement qu'il ne pouvoit y avoir de ce côté-là aucune terre dans l'eſpace de cinq cens lieuës : car le feu paroiſſoit à l'Oueſt-Nord-Oueſt de nous. Nous conclûmes de-là que le feu devoit avoir

pris

pris à quelque Vaisseau, les coups de canon qu'on venoit d'entendre nous persuaderent que nous n'en étions pas loin, & nous étions sûrs, qu'en suivant nôtre cours nous en aprochions, parce que de moment à autre la flâme nous paroissoit plus grande. Cependant le tems se trouvoit nébuleux, nous ne pûmes rien voir que du feu : Mais une demi-heure après poussez par un vent favorable quoi qu'assez petit, & le tems s'étant un peu éclairci, nous aperçûmes distinctement un grand Vaisseau devoré par le feu, au beau milieu de la mer.

Je fus sensiblement touché de ce triste spectacle, quoi que rien ne m'interessât aux personnes qui étoient en danger, que les liens ordinaires de l'humanité. Ces sentimens d'humanité furent extrêmement réveillez en moi par le souvenir de l'état où j'étois, lorsque le Capitaine Portugais me prit dans son Bord au milieu de l'Ocean, état qui n'étoit pas à beaucoup près aussi déplorable, que la situation où se devoient trouver ceux du Vaisseau en question, s'il n'y avoit aucun autre Bâtiment qui allât avec eux de conserve. J'ordonnai dans le moment qu'on fît feu de cinq Canons, l'un immédiatement après l'autre, afin de leur faire savoir qu'il y avoit près de là un Navire prêt à les secourir, & qu'ils fissent leurs efforts pour se sauver de nôtre côté dans leur Chaloupe ; car quoi que nous pussions voir leur Vaisseau par le moyen de la flâme,

il

il ne leur étoit pas possible de nous apercevoir, à cause de l'obscurité de la nuit.

Nous mîmes à la cappe pendant quelque temps, & en attendant le jour, nous laissâmes aller le Vaisseau du côté où nous découvrîmes le Bâtiment embrazé : mais pendant cette manœuvre, nous vîmes avec une grande frayeur, quoi que nous eussions lieu de nous y attendre, le Navire sauter en l'air, & quelques momens après le feu s'éteindre, aparemment à cause que le reste du Vaisseau étoit allé à fond. C'étoit un spectacle terrible & affligeant, sur tout par la compassion qu'il nous donna de ces pauvres malheureux, qui devoient être tous détruits par les flâmes, ou bien errer avec leur chaloupe dans le vaste Ocean ; c'est dequoi les ténébres ne nous permirent pas de juger. La prudence voulut pourtant que je suposasse le second cas, & pour les guider du mieux qu'il me fut possible, je fis suspendre des Lanternes de tous les côtez du Vaisseau, & tirer le Canon pendant toute la nuit, afin de leur faire connoître qu'ils n'étoient pas loin de nous.

Le lendemain environ à huit heures, nous découvrîmes par le moyen de nos Lunettes d'aproche deux Chaloupes accablées de monde, & nous aperçûmes que ces pauvres gens ayant le vent contraire, faisoient forces de rames, & que nous ayant vû ils faisoient toutes sortes de signaux pour se faire voir de nous.

Nous leur donnâmes à nôtre tour le signal ordinaire de venir à bord, & en même-tems nous fîmes plus de voiles, pour nous mettre plus à portée. En moins d'une demie-heure, nous les joignîmes & les laissâmes tous entrer dans le Vaisseau. Ils étoient pour le moins au nombre de soixante, tant hommes, que femmes, & petits enfans, & il y avoit parmi eux plusieurs passagers.

Nous aprîmes que le Vaisseau sauté en l'air étoit de trois cens tonneaux allant de Quebec dans la Riviere de Canada vers la France, & le Maître nous raconta au long toutes les particulitez de ce desastre.

Le feu avoit commencé par l'imprudence du Timonier dans la Gesole ou Cabinet, où l'on met la Boussole, les Chandelles, &c. Tout le monde étant accouru au secours, on l'avoit crû absolument éteint, mais on s'aperçût dans la suite que quelques éteincelles étoient tombées dans certains endroits du Vaisseau, où il étoit impossible d'atteindre. De-là il avoit gagné la quille, d'où il s'étoit répandu par tout le corps du Bâtiment avec une telle violence, que ni le travail ni l'industrie n'avoient été capable de le maîtriser. Le seul parti qui leur étoit resté à prendre, avoit été d'abondonner le Navire : par bonheur ils avoient deux chaloupes assez grandes, & un petit esquif, qui ne leur pouvoit servir qu'à mettre des provisions & de l'eau fraîche. Dans cette situation toute leur consolation

étoit

étoit d'être échapés du feu, ſans pouvoir eſperer raiſonnablement de ſe ſauver, étant à
une ſi grande diſtance de Terre. Le ſeul honheur dont ils pouvoient ſe flater, étoit de
trouver quelque Bâtiment en mer, qui voulut bien les prendre ſur ſon bord. Ils avoient
des voiles, des rames, une Bouſſole, & ils ſe
préparoient à retourner vers * *Terre-Neuve*
avec un vent favorable ; toute la proviſion
qu'ils avoient, n'étoit ſuffiſante tout au plus
que pour les empêcher de mourir de faim,
pendant douze jours, dans leſquels, s'ils
avoient beau tems & le vent favorable, ils eſ-
peroient de venir juſqu'au banc de ce païs-là,
& de s'y ſoûtenir par le moyen de la pêche
juſqu'à ce qu'ils puſſent venir à terre ; mais
ils avoient à craindre tant de hazard, des
tempêtes, des vents contraires, des pluyes,
& du froid capable de les engourdir, que s'ils
ſe ſauvoient, ce ne pouvoit être que par une
eſpece de miracle.

Au milieu de leurs déliberations, étant
preſque tous deſeſperez, ils avoient entendu
avec une joye inexprimable un coup de canon, ſuivi de quatre autre : leur courage en
avoit été tout ranimé, & conformément à
mon intention ils avoient compris par là
qu'ils étoient à portée d'un Vaiſſeau, qui leur
offroit du ſecours.

Là-deſſus ils avoient mis bas leur mâts &
leurs voiles, parce que le vent ne leur permet-
met-

---

* Les Anglois l'apellent *Newfound-Land*.

mettoit pas de nous aprocher , & quelque
tems après , leur espérance avoit été redou-
blée par la vûë de nos lumieres & par nos
coups de canons qui se suivoient par interval-
les pendant toute la nuit. Ils avoient tiré aussi
trois coups de mousquets , mais nous ne les
avions point entendus à cause du vent contraire. Ils avoient mis pourtant leurs rames à
l'eau , pour s'empêcher du moins d'être em-
portez par le vent , & afin que nous pussions
les aprocher plus facilement. A la fin ils s'é-
toient aperçûs avec une satisfaction inexprimable que nous les avions en vûë.

Il m'est impossible de dépeindre les gesti-
culations surprenantes , les extases , & les po-
stures variées par lesquelles ces pauvres gens
exprimerent la joye qu'ils sentoient d'une délivrance si peu attenduë. L'affliction & la
crainte peuvent être décrites assez facilement;
des soûpirs , des larmes , des cris , quelques
mouvemens de la tête & des mains en font
toute la varieté ; mais un excès de joye , sur
tout d'une joye subite , emporte l'homme à un
nombre infini d'extravagances oposées l'une
à l'autre.

Quelques - uns de ces pauvres gens se
noyoient dans leurs larmes , d'autres paroîs-
soient furieux , & se déchiroient les habits ,
comme s'ils avoient été dans le plus cruel desespoir : les uns paroissoient fous à lier , ils
couroient çà & là , frapoient du pied & se
tordoient les mains. Les autres dansoient ,
chan-

chantoient , faifoient des éclats de rire , &
pouſſoient des cris de joye ; ceux-ci étoient
tous ſtupefiez & étourdis, incapables de pro-
noncer une parole ; ceux-là étoient malades,
& ſembloient prêts à tomber en foibleſſe.
Enfin le moindre nombre faiſoit le ſigne de la
croix, & remercioit Dieu de ſa délivrance.

Je ne raporte pas cette derniere circonſtance pour donner mauvaiſe opinion d'eux , je ne
doute pas que dans la ſuite ils n'ayent rendu
graces au Ciel du fond de leur ame : mais ils
étoient au commencement ſi paſſionnez,
qu'ils n'étoient pas les maîtres de leurs mouvemens , & de leurs penſées ; ils étoient plon-
gez dans une eſpece de freneſie , & il y en
avoit peu parmi eux, qui euſſent aſſez de force d'eſprit pour être moderez dans leur joye.

Il ſe peut bien que leur tempérament con-
tribuoit à l'excès de leurs tranſports; c'étoient
des François, Peuple plus vif, plus paſſionné,
& plus propre que tout autre à aller dans les
extrêmitez contraires , à cauſe de ce feu qui
excite leurs eſprits animaux. Je ne ſuis pas
aſſez Philoſophe pour raiſonner là-deſſus à
fond ; mais je puis dire , que je n'avois jamais vû une pareille expreſſion de la joye. Rien
n'en aproche davantage, que les extravagances où ſe laiſſa emporter mon fidele *Vendredi*,
en trouvant ſon pere * lié dans le Canot ; j'a-
voüe encore, qu'il y avoit quelque choſe de
ſemblable dans la ſurpriſe du Capitaine An-

Tome III.   C   glois

* *Tome II.* Page 130.

glois & de ſes deux compagnons que je déli-
vrai † autrefois des mains des traîtres qui
vouloient les abandonner dans mon Iſle; mais
dans le fond tout cela n'eſt pas comparable à
ce que je remarquai dans cette occaſion-ci.

Il faut obſerver encore, que toutes ces extravagances n'éclatoient pas ſéparément dans
ces François, de la maniere que je l'ai dépeint.
Elles ſe ſuccédoient rapidement avec toute
cette varieté dans chaque individu; celui qui
dans un moment paroiſſoit étourdi & ſtupide
comme un homme frapé de la foudre, ſe
mettoit l'inſtant après à danſer, à ſauter, &
à crier comme une fou; tantôt il s'arrachoit
les cheveux, déchiroit ſes habits, & les fou-
loit aux pieds, comme un habitant des petites
Maiſons; tantôt il verſoit un torrent de larmes, le cœur lui manquoit, il tomboit en
défaillance, & ſi on ne l'avoit pas ſecouru,
la mort auroit ſuivi la violence de tous ces
mouvemens. Il n'en étoit pas ainſi de quelques-uns, ou du moindre nombre, mais de
preſque tout autant qu'ils étoient, & ſi je
m'en ſouviens bien, nôtre Chirurgien fut
obligé d'en ſaigner une trentaine.

Il y avoit deux Prêtres parmi eux, l'un encore jeune, l'autre avancé en âge, & ce qu'il
y a de ſurprenant, le plus vieux étoit le moins
ſage. Dès qu'il mit le pied ſur nôtre Vaiſſeau,
il tomba à terre tout roide, comme s'il étoit
mort. Nôtre Chirurgien mit d'abord en œuvre

vre les remédes propres à le faire revenir à lui,
étant le seul dans le Vaiſſeau, qui lui crût encore un ſouffle de vie : enſuite lui ayant frot-
té le bras pour le réchauffer , & pour y faire venir le ſang , il le ſeigna. Le ſang ne cou-
la d'abord que goutte à goutte, mais il ſortit
enſuite avec plus de liberté. Trois minutes
après le bon homme ouvrit les yeux, & dans
un quart d'heure de tems il parla, & fut entierement rétabli. Dès que le ſang fut arrêté,
il commença à ſe promener en nous aſſurant
qu'il ſe portoit bien , & le Chirurgien trouva bon de lui donner un verre de Liqueur
Cordiale. Après un quart d'heure d'intervalle, quelques François ſe jetterent dans la
Chambre où le Chirurgien étoit occupé à ſaigner une femme , diſant que le Prêtre avoit
abſolument perdu l'eſprit: peut-être qu'ayant
réflechi avec trop d'attention ſur le changement ſubit de ſon état, cette réflexion l'avoit
jetté dans une nouvelle extaſe de joye , & ſes
eſprits s'étoient mis à couler avec trop de rapidité pour que les Vaiſſeaux fuſſent capables
de les conduire comme il faut, là-deſſus ſon
ſang étoit devenu chaux & fiévreux, & certainement il avoit acquis en moins de rien
toutes les qualitez requiſes pour habiter
l'Hôpital des fous. Le Chirurgien ne trouva
pas à propos de redoubler la ſaignée, mais il
lui donna quelque choſe pour l'aſſoupir ; ce
qui opera quelque tems après, & le lendemain il s'éveilla également ſain , de corps &
l'eſprit.　　　　　C 2　　　　　Le

Le jeune Prêtre modéra ses passions avec
une grande fermeté, & nous donna le véritable modéle d'un esprit sensé, & maître de
lui-même. Dès qu'il fut à nôtre bord, il se
jetta à terre pour rendre graces à Dieu de son
heureuse délivrance ; je fus assez malheureux
de le troubler dans cette loüable action, le
croyant évanoüi. Il leva la tête pour me dire
d'un air fort tranquille, qu'il étoit occupé à
témoigner sa réconnoissance à Dieu ; *Je vous
conjure*, continua-t-il, *de me permettre d'y
continuer encore quelques momens ; j'aurai l'honneur ensuite de vous remercier, comme celui à
qui après le Ciel je suis redevable de la vie.*

J'étois fort mortifié de l'avoir interrompu,
& non seulement je le laissai en repos, mais
j'empêchai les autres de troubler sa dévotion.

Après avoir demeuré dans cette posture
pendant quelques minutes, il vint me joindre, & d'une maniere tendre & grave en même-tems, les yeux pleins de larmes, il me
remercia d'avoir voulu être un instrument
entre la main de Dieu pour lui sauver la vie,
& à tant d'autres miserables. Je lui répondis
que j'étois charmé de lui avoir donné cette
occasion de marquer sa réconnoissance envers Dieu, à qui je le priois d'adresser uniquement ses actions de graces ; que je n'avois
rien fait de ce que la raison & l'humanité devoient inspirer à tous les hommes, & que je
croyois devoir de mon côté remercier Dieu
de ce qu'il m'aimoit assez pour se servir de
moi,

moi, pour conferver tant de Créatures faites
à fon Image.

Après cette converfation, cet homme de
bien fit tous ces efforts pour calmer les paffions de fes compatriotes, par des exhortations, des prieres, des raifonnemens ; enfin
par tout ce qui étoit capable de leur faire renfermer leur joye dans les bornes du bon fens.
Il réuffit affez bien avec quelques-uns, mais
la plûpart ne fe poffedoient pas affez pour profiter de fes leçons.

J'ai voulu mettre toutes ces particularitez
par écrit, parce que le lecteur pourra aprendre par là à guider fes paffions. Un excès de
joye emporte l'homme plus loin, que les
tranfports de la douleur, de la colere & de la
rage ; & j'ai vû dans cette occafion combien
il faut veiller fur les paffions, de quelques nature qu'elles puiffent être, puifque les empor-
temens de joye ne font pas moins dangereux
pour nous que les autres mouvemens de cœur,
qui paffent pour les plus dangereux.

Nous fûmes un peu dérangez le premier
jour par l'extravagance de nos hôtes, mais
après leur avoir donné les logemens que nôtre Vaiffeau étoit en état de fournir, & après
qu'ils eurent bien dormi, tout fut tranquille,
& nous vîmes tout un autre peuple.

Ils nous donnerent toutes les marques de
reconnoiffance, que les belles manieres & la
politeffe font capables de dicter à un peuple,
qui naturellement donne dans l'excès de ce

côté-là. Le Capitaine & un des Religieux
me vinrent voir le lendemain, pour me dire,
qu'ils souhaitoient fort de me parler aussi bien
qu'à mon neveu, qui commandoit le Vaisseau, afin de nous consulter sur leur sort.
Dès que mon neveu fut venu, ils commencerent par nous dire, que tout ce qu'ils
avoient au monde n'étoit pas capable de nous
récompenser du service important que nous
leur avions rendu. Le Capitaine prit alors la
parole, & me dit, qu'ils avoient sauvé de
l'argent, qu'ils avoient dans leurs chaloupes
d'autres choses de prix, sauvées des flâmes à
la hâte, & qu'ils avoient ordre de nous offrir tout cela, si nous voulions bien l'accepter;
Qu'ils nous conjuroient seulement de vou'oir
bien les mettre à terre quelque part, d'où il
leur fut possible de regagner la France.

Mon neveu parut d'abord assez porté à
accepter leur present, quitte à voir après ce
qu'il pourroit faire en leur faveur, mais j'eus
assez de pouvoir sur lui pour l'en détourner,
sçachant ce que c'est que d'être abandonné
dans un païs étranger sans argent. Je me res-
souvins que si le * le Capitaine Portugais en
avoit usé de cette maniere avec moi, & m'a-
voit fait acheter son bienfait de tout ce que
j'avois au monde, je serois mort de faim, à
moins que de rentrer dans un esclavage pareil à celui que j'avois souffert en Barbarie, &
peut-être pire, puis qu'il n'est pas trop sûr
qu'un

* *Tome I.* page 49.

qu'un Portugais soit un meilleur maître qu'un Turc.

Je répondis donc au Capitaine François, que si nous l'avions secouru lui & ses gens dans leur malheur, nous n'avions fait que ce que l'humanité vouloit que nous fissions pour nôtre prochain, & que nous souhaitions qu'on nous fit de même en pareille extrêmité. » Nous sommes persuadez, lui dis-je, « que vous nous auriez donné la même assis- « tance, si vous aviez été dans nôtre situation,« & nous dans la vôtre ; & que vous nous « l'auriez donnée sans aucune vûë d'interêt. « Nous vous avons pris à nôtre Bord, Mon- « sieur, poursuivis-je, pour vous conserver, « & non pas pour jouïr de vos dépoüilles ; & « je ne trouverois rien de plus barbare, que « de vous mettre à terre après vous avoir pris « les pauvres restes que vous avez arrachez « aux flâmes : ce seroit vous sauver la vie, « pour vous tuer ensuite nous mêmes, & vous « empêcher de vous noyer, pour vous faire « mourir de faim ; ne croyez donc pas que je « permette, qu'on accepte la moindre chose « de ce que vôtre reconnoissance vous porte « à nous offrir. Pour ce qui regarde le parti « que vous nous proposez de vous mettre à « terre, la chose est d'une grande difficulté ; « nôtre Vaisseau est destiné pour les Indes « Orientales, & quoique nous nous soyons « détournez considérablement de nôtre cours « du côté de l'Ouest, dirigez peut-être par la «

C 4 « Pro-

» Providence pour vous tirer d'un danger ſi
» terrible, nous ne ſommes pas les maîtres
» de changer nôtre route de propos déliberé,
» pour l'amour de vous, & mon neveu le
» le Capitaine n'en pourroit jamais répondre
» devant les Proprietaires, à qui il s'eſt enga-
» gé de pouſſer ſon voyage après avoir touché
» au Brezil. Tout ce qu'il nous eſt poſſible de
» faire pour vous, c'eſt de prendre nôtre rou-
» te du côté où nous pouvons nous attendre
» à rencontrer des Navires qui retournent des
» Indes Occidentales, & de vous procurer
» par là le moyen de paſſer en Angleterre ou
» en France.

La premiere partie de ma réponſe étoit ſi
pleine d'humanité, & de generoſité même,
que ces Meſſieurs ne pouvoient qu'en être extrêmement ſatisfaits; mais il n'en étoit pas
ainſi par raport au reſte, & les paſſagers ſur
tout, étoient fort conſternez par la crainte
d'être obligez d'aller avec nous juſqu'aux Indes Orientales. Ils me conjurerent que, puiſ-
que nous étions tellement dérivez du côté de
l'Oueſt avant que de les rencontrer, que
j'euſſe du moins la bonté de ſuivre le même
cours juſqu'aux Bancs de Terre-Neuve, où
peut-être ils pourroient loüer quelque Bâtiment pour retourner au Canada, d'où ils
étoient partis.

Je trouvois cette propoſition raiſonnable,
& j'étois fort porté à la leur accorder; je con-
ſidérois que de traîner tout cet équipage juſ-

qu'aux

qu'aux Indes, ne feroit pas feulement un parti trifte, & infuportable pour ces pauvres gens, mais qu'il pouroit entierement ruïner nôtre voyage, en faifant une bréche irréparable dans nos provifions. Je ne croyois pas d'ailleurs enfraindre le Contrat que mon neveu avoit fait avec fes Marchands, en me prêtant à un accident imprévû. Certainement ni les loix de la nature, ni les loix revelées, ne pouvoient nous permettre d'abandonner à une mort prefque inévitable un fi grand nombre de perfonnes, & puifque nous les avions pris à nôtre bord, nôtre propre intérêt auffi-bien que le leur, nous obligeoit à les mettre quelque part à terre. Je confentis donc à fuivre nôtre route, comme ils le fouhaitoient, & fi les vents rendoient la chofe impoffible, je leur promis de les débarquer à la Martinique dans les Indes Occidentales.

Le tems cependant continua à être beau avec un vent affez vigoureux, qui refta quelque tems entre le Nord-Eft, & le Sud Eft, ce qui nous fit manquer plufieurs occafions d'envoyer nos gens en Europe. Il eft vrai que nous rencontrâmes plufieurs Vaiffeaux deftinez pour l'Europe; mais ils avoient lutté fi long-tems avec les vents contraires qu'ils n'oferent fe charger de paffagers, de peur de mourir de faim tous enfemble. De cette maniere nous fûmes forcez de pouffer nôtre voyage jufqu'à ce qu'une femaine après nous arrivâmes aux bancs de *Terre Neuve*. C'eft-là

que

que nous mîmes nos François dans une Barque, qu'ils avoient loüée en pleine mer, pour
les mettre à terre, & pour de-là les conduire
en France, s'il leur étoit possible de trouver
là assez de provisions pour les avitailler.

Le seul Passager François qui resta à nôtre bord, étoit le jeune Prêtre, qui ayant
apris que notre dessein étoit d'aller aux Indes, souhaita de faire le voyage avec nous,
& d'être mis à terre sur la côte de *Coromandel*.
J'y consentis avec plaisir.

Cet homme-là me revenoit extraordinairement, & non sans raison, comme on verra dans la suite. D'ailleurs quatre Matelots
s'engagerent avec nous, c'étoient de braves
gens, qui nous furent de grand service.

De là nous prîmes la route des Indes Occidentales, en faisant cours du côté du Sud,
& du Sud-quart à l'Est; sans avoir beaucoup
de vent, pendant une vingtaine de jours.
Nous étions dans cette situation, quand nous
rencontrâmes de nouveau dequoi exercer
nôtre humanité sur un objet tout aussi déplorable que le premier.

Le 19. de Mars 1695. nous trouvant dans
la Latitude Septentrionale de 27. degrez, 5.
minutes, & faisant nôtre Cours Sud-Est, &
Sud-Est quart au Sud, nous découvrîmes un
grand Vaisseau venant à nous. Nous ne pûmes pas d'abord le voir distinctement, mais en
étant plus près, nous aperçûmes, qu'il avoit
perdu le perroquet du grand mât, le mât
d'Ar-

d'Artimon, & le Beaupré. Il tira d'abord un coup de canon, pour nous faire sçavoir qu'il étoit en détresse. Nous avions un vent frais Nord-Nord-Est, & en peu de tems nous fûmes à portée de l'arraisonner.

Nous aprîmes qu'il étoit de Bristol, & qu'il revenoit des Barbades, mais qu'aux Barbades même il avoit été jetté hors de la route, par un furieux ouragan, quelques jours avant qu'il fût prêt à mettre à la voile, & dans le tems que le Capitaine & le premier Contre-Maître étoient à terre; de maniere qu'outre la violence de la tempête, il avoit manqué au Vaisseau des gens capables de le conduire. Il avoit été attaqué par un second orage, qui l'avoit absolument dérouté du côté de l'Ouest, & réduit dans le triste état où nous le rencontrâmes. L'Equipage s'étoit attendu à découvert les Isles de *Bahama*, mais il s'en étoit vû éloigné & jetté vers le Sud-Est, par un vent gaillard de Nord Nord est qui étoit précisément celui que nous avions alors; & n'ayant qu'une voile au grand mât, & une autre quarrée attachée à une espéce de mât d'Artimon dressé à la hâte, il n'avoit pas eu le moyen de serrer le vent; de sorte qu'ils avoient fait les efforts possibles, pour atteindre les Isles Canaries.

Ce qui mettoit le comble au malheur de ces gens, c'est qu'outre la fatigue que leur avoient donné ces deux tempêtes, ils mouroient de faim. Il ne leur restoit pas une seule

once

once de pain ou de viande, depuis plus d'onze jours, & leur seule consolation étoit qu'ils n'avoient pas encore entierement consumé leur eau, & qu'ils avoient encore environ un demi tonneau de farine. Pour du Sucre il leur en restoit abondamment, outre sept barils de Rum. Ils avoient encore assez grande quantité de confitures, mais la famine les avoit obligez de les devorer jusqu'au dernier morceau.

Il y avoit à bord comme passagers, un jeune homme avec sa mere, & une servante. Croyant le Vaisseau prêt à mettre à la voile, ils s'étoient embarquez par malheur le soir avant ce terrible ouragan, & n'ayant plus rien de leurs provisions particulieres, ils s'étoient trouvés dans une situation plus déplorable que les Matelots, qui réduits à la derniere extrêmité eux-mêmes, n'avoient pas été susceptibles de compassion. On peut juger s'il est facile de détruire la malheureuse situation où s'étoit trouvée cette infortunée famille.

Peut-être n'aurois je jamais sçû cette triste particularité, si le tems étant doux & la Mer calme, ma curiosité ne m'avoit porté à aller à bord de ce malheureux Navire. Le second Contre maître qui étoit forcé dans cette extrêmité de prendre le commandement du Vaisseau, étant venu à nôtre bord m'avoit parlé de ces passagers, comme des gens qu'il croyoit morts, il n'en avoit pas entendu parler depuis plus de deux jours, parce qu'il avoit

cu

eu peur de s'en informer, puis qu'il n'étoit pas en état de les foulager dans leur mifere.

Nous fîmes d'abord tous nos efforts pour donner à ce malheureux équipage tout le fecours qui nous fut poffible, & j'avois affez de pouvoir fur l'efprit de mon neveu, pour le porter à les avitailler entierement, quand même nous aurions été mis par-là dans la neceffité d'aller dans la Virginie, ou fur quelqu'autre côte de l'Amérique faire de nouvelles provifions pour nous-mêmes. Mais heureufement nous ne fûmes pas obligez de pouffer nôtre charité jufques-là.

Ces pauvres gens étoient alors expofez à un nouveau danger; & il y avoit tout à craindre de leur gourmandife. Le Contre-maître nous en amena fix dans fa chaloupe, qui paroiffoient autant de fquelettes, & qui avoient à peine la force de remuer leurs rames. Il étoit lui-même à moitié mort, n'ayant rien réfervé pour lui, & s'étant contenté de la même portion, qui avoit été donnée pour la fubfiftance du moindre Matelot.

En mettant quelques mets devant lui, je l'avertis d'en manger avec lenteur & avec fobrieté; mais à peine en eut-il avalé trois bouchées, qu'il commença à se trouver mal. Il fut affez prudent pour s'arrêter d'abord, & nôtre Chirurgien lui prépara un boüillon propre à lui fervir de remede, & de nouriture en même-tems. Il fut mieux dès qu'il l'eût pris. Je n'oublois pas cependant fes com-

compagnons, à qui je donnois aussi dequoi
manger. Ils le devoroient véritablement,
étant si affamez, qu'ils en avoient contracté
une espece de rage, qui les empêchoit d'être
en aucune maniere maîtres d'eux-mêmes. Il y
en eût même deux, qui mangerent avec tant
d'avidité que le jour suivant ils en faillirent
de mourir.

Ce spectacle étoit extrêmement touchant
pour moi, & me rapelloit dans l'esprit la misere, à laquelle je m'attendis autrefois, en
mettant le pied sur le rivage de mon Isle,
sans avoir la moindre provision, & sans m'a-
percevoir d'aucun moyen de trouver des vivres pour une seule journée : exposé d'ailleurs,
à ce que je croyois, à servir bien tôt moi même de nourritures aux bêtes féroces.

Pendant tout le tems que le Contre-maître étoit occupé à me reciter tout le détail de
la misere de l'Equipage, mes pensées rouloient sans discontinuation sur le sort des trois
Passagers, la mere, le fils & la servante,
dont il n'avoit rien entendu dire pendant deux
jours, & que la disette extrême de ses propres
gens l'avoient forcé à négliger, selon sa propre confession. Je compris par-là qu'à la fin
il ne leur avoit donné aucune nourriture, &
j'en concluois qu'ils devoient tous trois être
morts de faim.

Je retiens là-dessus le Contre-maître, que
nous apellions alors le Capitaine, à nôtre
bord avec ses gens pour qu'ils reprissent vigueur

gueur par de bons alimens, & songeant en
même-tems à rendre le même service au reste
de l'équipage, je fis conduire à leur Navire
nôtre Contre-maître avec nôtre propre chaloupe montée de 12. hommes, & chargé d'un
sac rempli de pain, & de six grosses pièces de
de bœuf. Nôtre Chirurgien donna ordre à
mes Matelots de faire boüillir cette viande en
leur presence, & de placer des sentinelles
dans la chambre du Cuisinier, pour détourner ces gens affamez de devorer la viande
toute cruë, ou de l'arracher du pot avant
qu'elle fut cuite comme il faut, & de ne leur
en donner d'abord qu'une petite portion.
C'est cette sage précaution, qui leur conser-
va la vie; & si on avoit été négligent à cet
égard, ils se seroient tuez par le moyen de
ces propres alimens, qui leurs étoient donnés
pour les empêcher de mourir.

J'ordonnai en même-tems à nôtre Contre-maître, d'aller dans la chambre des passagers, pour voir dans quel état ils étoient, &
pour leur donner les rafraîchissemens nécessaires s'ils étoient encore en vie. Le Chirurgien avoit pourvû pour cet effet d'une grande
écuelle pleine de son boüilon préparé, qui
avoit fait tant de bien au pauvre Contre-maître, & qui selon lui étoit capable de les réta-
blir par degrez.

Peu satisfait encore de toutes ces mesures,
& ayant grande envie de voir de mes propres
yeux le triste spectacle que ce Vaisseau pouvoit

voit me fournir d'une maniere plus vive,
qu'aucun recit n'étoit capable de me le representer, je pris avec moi celui que nous apellions alors le Capitaine du Vaisseau, & je
suivis nos gens avec sa chaloupe.

Je trouvai tous ces pauvres affamez dans
une espece de sedition, & prêts à arracher la
viande du chaudron par force; mais mon
Contre-maître faisoit son devoir, ayant placé une garde à la porte de la chambre du Cuisinier, & voyant qu'il ne faisoit rien par ses
exhortations il employa la violence même
pour faire du bien à ces gens en dépit d'eux-
mêmes. Il eut pourtant la condescendance de
faire tremper suffisamment quelques biscuits
dans le pot, & de leur en faire donner à
chacun un pour apaiser un peu la fureur de
leur apetit, les priant de croire que c'étoit
pour leur propre conservation qu'il ne leur en
donnoit que peu à la fois. Mais tout cela n'é-
toit pas capable de les apaiser, & si je n'y
étois pas survenu avec leurs propres Offi-
ciers, si à mes exhortations je n'avois pas
ajoûté la terrible menace de ne leur donner
rien, s'ils ne se tenoient en repos, je crois en
verité qu'ils auroient forcé la chambre du
Cuisinier, & qu'ils auroient arraché la viande du chaudron. On pouvoit voir parfaitement bien dans ce cas, que *Ventre affamé
n'a point d'oreilles.* Nous les apaisâmes pourtant, & commençant à les nourir par degré,
nous leur permîmes à la fin de manger tout
leur

leur fou, & tout alla mieux que je n'euffe
penfé.

Pour la mifere des Paffagers, elle étoit
tout autrement terrible que celle de l'Equipage. Comme les Matelots avoient eû d'abord
peu de chofe pour eux-mêmes, ils leur avoient
donné des portions extrêmement petites; à la
fin ils les avoient abfolument négligez, de
maniere que depuis fix ou fept jours ils n'a-
voient eu rien du tout manger, & fort peu de
chofe les deux ou trois jours qui avoient pré-
cedé. La pauvre mere, à ce que l'Equipage
nous raporta, étoit une femme de bon
fens & très bien élevée, qui ayant épargné
pour fon fils avec une tendreffe véritablement maternelle tout ce qu'elle pouvoit,
avoit enfin perdu toutes fes forces. Quand nôtre Contre-maître entra dans fa chambre, il
la vit affife à terre apuyée contre un des côtez du Vaiffeau entre deux chaifes liées enfemble, la tête enfoncée entre fes épaules,
& femblable à un cadavre, quoi qu'elle ne
fut pas tout-à-fait morte. Il fit tout ce qu'il
pût pour la faire revenir à elle, & pour lui
fortifier le cœur. Il lui mit un peu de boüil-
lons dans la bouche avec un cuiller; elle ouvrit les lévres, & leva une de fes mains, mais
elle s'éforça en vain de parler. Elle entendit
ce qu'il lui difoit, mais lui faifant figne que
ce fecours venoit trop tard pour elle, elle lui
montra du doigt fon fils, comme fi elle vouloir le prier d'en avoir foin.

Tome III. D Tou-

Touché pourtant d'une pitié extraordinaire pour cette tendre mere, il fit tous ses
efforts pour lui faire avaler un peu de boüillon, & à ce qu'il crût il en fit descendre dans
son estomac deux ou trois cuillerées ; quoi
qu'il en soit, il ne prit que des peines inutiles,
puisque la nuit après elle mourut.

Le jeune homme dont elle avoit conservé
la vie aux dépens de la sienne, n'étoit pas
dans une extrêmité tout-à-fait aussi grande,
il étoit pourtant étendu roide dans un petit
lit, & sembloit à moitié mort. Il avoit dans
sa bouche une piece d'un vieux gand, dont
il avoit mangé le reste. Néanmoins étant jeune, & ayant plus de force que sa mere, le
Contre-maître réüssit à lui faire avaler quelque chose, & il sembla se ranimer, mais lorsque quelques momens après il lui en fit encore avaler trois ou quatre cuillerées, le pauvre garçon en eût mal au cœur, & les rendit immédiatement après.

Pour la pauvre servante elle étoit toute
étenduë auprès de sa Maîtresse, comme si
elle étoit tombée en apoplexie, & si elle lu-
toit avec la mort. Tous ses membres étoient
tors ; d'une de ses mains elle avoit saisi le
pied d'une chaise, & le tenoit si ferme qu'on
eut bien de la peine à lui faire lâcher prise : son
autre bras étoit étendu au-dessus de sa tête, &
ses deux pieds étoient apuyez avec force contre une table. En un mot elle sembloit être à
l'agonie, mais elle n'étoit pas morte.

Cette

Cette pauvre fille n'étoit pas seulement af-
foiblie par la famine, & effrayée par la pensée d'une mort prochaine, mais, comme
nous aprîmes dans la suite par les gens du
Vaisseau, elle étoit encore extrêmement in-
quiete pour sa Maîtresse, qu'elle voyoit mou-
rante depuis quelques jours, & pour qui el-
e avoit tout l'attachement imaginable.

Nous ne savions comment faire avec cette malheureuse fille, car lorsque nôtre Chirurgien, homme sçavant & expérimenté, lui
eut rendu, pour ainsi dire, la vie, il eut une
seconde cure à faire par raport à son cerveau
qui paroissoit pendant plusieurs jours absolument renversé.

Quiconque lira ce tragique accident, doit
songer, qu'il n'est pas d'une visite qu'on rend
sur mer, comme de celle qu'on se rend à terre, & qui dure quelquefois trois semaines.
Il s'agissoit ici de donner secours à ce malheureux Equipage, mais non pas de rester
avec lui, & quoi qu'il desirât fort d'aller de
conserve avec nous pendant quelques jours,
cependant nous n'avions pas le loisir d'attendre un Vaisseau qui avoit perdu ses mâts.
Neanmoins lorsque le Capitaine nous conju-
ra de l'aider à dresser un perroquet à son grand
mât, & un autre à son Artimon, nous vou-
lûmes bien mettre à la cappe pendant trois ou
quatre jours. Ensuite après lui avoir donné
cinq tonneaux de bœuf, un de lard, une
bonne provision de biscuit, de la farine &

des

des pois, & avoir pris pour payement trois
caiſſes de Sucre, une quantité aſſez grande
de Rhum, & quelques Pieces de huit, nous
les quittâmes en prenant dans nôtre bord, à
leur inſtante priere, un Prêtre avec le jeune
homme, la ſervante & tout ce qui leur apartenoit.

Le jeune homme étoit un garçon de dix-
ſept ans, bien fait, modeſte, bien élevé, &
fort raiſonnable. Il paroiſſoit accablé de la
mort de ſa mere, ayant encore depuis peu
perdu ſon pere dans les Barbades.

Il s'étoit adreſſé au Chirurgien, pour me
prier de le prendre dans mon Vaiſſeau, & de
le tirer d'avec ceux qu'il apelloit les meurtriers de ſa mere. Auſſi peut-on dire qu'ils
l'étoient en quelque ſorte; car ils auroient pû
épargner de leur portion quelque petite choſe, pour ſoutenir la vie de cette miſerable
veuve, quand ce n'auroit été que dequoi
l'empêcher de mourir de faim; mais la faim
ne connoît ni humanité, ni parenté, ni
amitié, ni juſtice. Elle eſt ſans pitié, & incapable de remords.

Le Chirurgien avoit beau lui mettre devant
les yeux la longueur de nôtre voyage, qui
devoit le ſeparer de tous ſes amis, & qui pouvoit le rejetter dans un auſſi mauvais état
que celui dont il venoit de ſortir; il dit qu'il
lui étoit indifférent de quel côté il allât, pourvû qu'il ſe ſeparât de ce cruel Equipage, &
que le Capitaine (c'eſt moi qu'il entendoit

par-

par-là, ne connoiſſant pas encore mon neveu,) ſeroit trop honnête homme pour lui
donner le moindre chagrin, après lui avoir
ſauvé la vie. Que pour la ſervante, ſi elle
revenoit dans ſon bon ſens, elle nous ſuivroit
volontiers par tout, & qu'elle recevroit comme un grand bien-fait la permiſſion d'entrer
dans nôtre Navire.

Le Chirurgien me fit cette propoſition d'u-
ne maniere ſi pathetique, que je l'acceptai;
& que je les pris tous deux avec tout leur
bien, excepté onze pieces de Sucre, où il
étoit impoſſible d'atteindre. Mais comme
le jeune homme en avoit une reconnoiſſance
je fis ſigner un billet au Commandant, par
lequel il s'engageoit d'aller, dès qu'il ſeroit
arrivé à Briſtol, chez un certain M. Rogers
parent du jeune homme, & Marchand de
cette Ville, & de lui donner une Lettre de
ma part, avec tout ce qui avoit apartenu à la
défunte Veuve. Mais il eſt aparent que toutes ces précautions ont été inutiles, car je
n'ai jamais apris que ce Vaiſſeau fut arrivé à
Briſtol. Il eſt très probable, qu'étant ſi fort
endommagé, & faiſant eau de pluſieurs cô-
tés, il ait coulé à fond par la premiere tempête.

Nous étions alors à la Latitude de dix-
neuf degrez trente-deux minutes, & nous
avions eû juſqu'alors un voyage aſſez heureux par raport au tems, excepté qu'au commencement nous avions eu des vens contraires.

res. Mon deſſein n'eſt pas de fatiguer le public du recit de quelques incidens peu conſidérables, comme changement de vents, ouragans, beau tems, & pluyes, &c. Pour m'acommoder à l'impatiente curioſité du Lecteur, je dirai que je découvris mon Iſle, le 10. d'Avril 1695. Ce n'étoit pas ſans de fort grandes difficultez, que je la trouvai; j'y étois entré autrefois, & j'en étois ſorti du côté du Sud-Eſt vers le Brezil, mais faiſant nôtre route alors entre l'Iſle & le Continent, & n'ayant point de Carte de cette Côte, ni aucune marque par où je pouvois la reconnoître, je la vis ſans ſçavoir que ce fut elle.

Nous croiſâmes pendant long tems de côté & d'autre, & nous mîmes pied à terre dans pluſieurs Iſles ſituées dans l'embouchure du Fleuve *Oroonoque*, mais ſans parvenir à nôtre but, j'apris ſeulement en ſuivant ces Côtes, que j'avois été autrefois dans l'érreur, en croyant que la terre que je découvrois étoit le Continent. C'étoit une Iſle fort longue, ou plûtôt une longue ſuite d'Iſles ſituées vis à-vis du grand eſpace qu'occupe l'embouchure de ce Fleuve. Les Sauvages qui abordoient de tems en tems à mon Iſle n'étoient proprement des *Caribes*, mais des Inſulaires, & d'autres Barbares qui habitoient les Lieux les plus proches de moi. Je viſitai en vain, comme j'ai dit, pluſieurs de ces Iſles; j'en trouvai quelques unes habitées & d'autres deſertes. Dans une entre-autres je

je vis quelques Efpagnols, & je crus d'abord
que c'étoient ceux que j'avois fait venir dans
mes *Domaines* ; mais en leur parlant je fçus
qu'ils avoient près de-là une petite chaloupe
dans une petite Baye, & qu'ils étoient venus-
là pour aller chercher du fel, & quelques
huitres à perles ; en un mot j'apris qu'ils n'é-
toient point de mes Sujets, & qu'ils apparte-
noient à l'Ifle de la *Trinité*, qui eft plus du
côté du Nord, de dix ou onze degrez de
Latitude.

Enfin allant d'une Ifle à l'autre, tantôt
avec le Vaiffeau, & tantôt avec la chaloupe
du Vaiffeau François qui étoit parfaitement
bonne, & qu'on nous avoit cedé avec plaifir, je vins au côté méridional de mon Ifle,
& d'abord j'en connus toute la figure. Je mis
auffi-tôt mon Vaiffeau à l'ancre dans une
Rade fûre vis-à-vis de la petite Baye, près de
laquelle étoit mon ancienne habitation.

Dès que j'eus fait cette découverte, j'apel-
lai *Vendredi*, & je lui demandai s'il fçavoit
où il étoit. Il fe mit à regarder fixement pendant quelque tems, & puis frapant de joye
fes mains l'une contre l'autre, il s'écria, *oüi,*
oüi, oh voilà, oh voilà ! & montrant du doigt
mon Château, il commença à chanter & à
faire des gambades comme un fou : j'avois
même bien de la peine à l'empêcher de fauter
dans la mer, & d'aller à terre à la nage.

Eh bien, Vendredi, lui dis-je, *qu'en dis-*
tu, trouverons-nous quelqu'un ou non, ton pere

y fera t'il? Au nom de fon pere le pauvre
garçon, dont le cœur étoit fi fenfible, parut
tout troublé, & je vis les larmes couler de
fes yeux en abondance. *Qu'y a t'il donc*, Vendredi, lui dis-je, *es-tu affligé parce qu'il y a*
d'aparence que tu verras ton pere. " Non, non,
" *répondit il en fecoüant la tête*, moi ne le voir
plus, jamais le voir plus; " *Eh que fçais tu*
mon Enfant, lui dis-je, " Oh non, *répartit-*
" *il*, lui mort long-tems, lui beaucoup vieux
" homme: " *La chofe n'eft pas bien fûre*, lui
dis-je, *mais enfin crois tu que nous trouve-*
rons quelqu'autre de nos gens? Il avoit fans
doute les yeux meilleurs que moi, car quoique nous fuffions à une demie-lieuë de terre,
montrant du doigt la colline qui étoit au-def-
fus de mon Château, il s'écria, *moi voir,*
moi voir, moi voir là beaucoup hommes, là,
là, & là. Je tournai les yeux vers cet endroit,
mais je ne vis rien, pas même par ma lunet-
te d'aproche, ce qui venoit probablement de
ce que je ne l'avois pas dirigée avec juftefle.
Il ne laiffoit pas d'avoir raifon, comme je
compris le lendemain en examinant la chofe:
ils avoient été cinq ou fix qui s'étoient tenus-
là, pour voir le Vaiffeau, ne fçachant qu'en
penfer.

Dès que Vendredi m'eut dit qu'il voyoit
des gens, je fis mettre Pavillon Anglois &
tirer deux coups de canon, pour leur faire entendre que nous étions amis, & un demi-
quart d'heure après nous vîmes une fumée

s'élever du côté de la petite Baye. J'ordonnai
en ce moment qu'on mit la chaloupe en mer
avec un Drapeau blanc en signe de paix, &
prenant *Vendredi* avec moi, & le jeune Prêtre, je me fis mettre à terre. C'étoit ce Prêtre
François dont j'ai déja fait mention plusieurs
fois. Je lui avois fait un recit exact de la maniere dont j'avois vécu dans cette Isle, sans
oublier aucune particularité tant par raport
à moi, qu'à l'égard de ceux que j'y avois laissez, & cette Histoire lui avoit donné une fort
grande envie de m'accompagner. J'avois de
plus seize hommes bien armez dans ma chaloupe, de peur de rencontrer quelques nouveaux hôtes, qui ne fussent pas de mes Sujets; mais heureusement cette précaution se
trouva peu nécessaire.

Comme nous allions vers le rivage dans
le tems que la marée étoit presque haute,
nous entrâmes tout droit dans ma petite
Baye, & le premier homme sur lequel je fixai
mes yeux, étoit l'Espagnol à qui j'avois sauvé la
vie: j'en reconnus parfaitement bien les traits;
pour son habit j'en ferai la description dans
la suite. J'ordonnai d'abord que tout le monde restât dans la chaloupe, & que personne
ne me suivît à terre; mais il n'y eut pas moyen
de retenir *Vendredi*. Ce tendre fils avoit découvert son père à une si grande distance des
autres Espagnols, qu'il ne me fut pas possible de le voir: & il est certain, que si on avoit
voulu l'empêcher d'aller à terre, il se seroit

jetté dans la mer, pour y aller à la nage. A
peine y avoit-il mis le pied, qu'il vôla du côté du Saüvage avec la viteffe d'une fléche,
qu'un bras vigoureux fait fortir d'un arc.
L'homme le plus ferme n'auroit pas pû s'empêcher de jetter quelques larmes en voyant
les tranfports de joye, où ce pauvre garçon
s'abandonna en joignant fon pere. Il l'em-
braffa, le baifa, le prit entre fes bras pour le
mettre à terre fur le tronc d'un arbre, il le
regarda fixement pendant plus d'un qua t
d'heure, comme un homme qui confidere
avec étonnement un tableau extraofdinaire;
enfuite il fe mit à terre auprès de lui, le baifa de nouveau, fe remit fur fes pieds, & continua à le regarder avec attention, comme
s'il étoit enchanté de le voir.

Le lendemain fes tendres extravagances
prirent un autres cours. Il fe promena avec
lui plufieurs heures fur le rivage, en le menant
par la main, comme fi c'étoit une Demoifel-
le, & de tems en tems il lui alloit chercher
quelque chofe dans la chaloupe, tantôt un
morceau de fucre, tantôt un verre de liqueur,
& tantôt un bifcuit, enfin tout ce qu'il
croyoit capable de faire plaifir au bon Vieillard.

L'après-dînée il s'y prit encore d'une nouvelle maniere : il mit le bon homme à terre,
& commença à danfer autour de lui avec
mille poftures, l'une plus burlefque que l'autre, & en même-tems il lui parloit, & lui ra-

.con-

contoit pour le divertir quelques particularitez de ses voyages. En un mot, si la même
tendresse filiale pouvoit être trouvée parmi
les Chrétiens, on pouroit dire en quelque sorte qu'il n'y a rien de plus inutile que le cinquiéme Commandement.

Mais laissant là cette digression, j'en viens
à la maniere dont je fus reçû par les Habitans
de l'Isle : Je n'aurois jamais fait , si je voulois raconter en détail toutes les civilités que
me firent les Espagnols. Le premier, que je
reconnoissois parfaitement bien, comme j'ai
déja dit, s'aprocha de la chaloupe portant
un Drapeau de paix, & accompagné d'un de
ses compatriotes. Non seulement il ne me re-
connût pas d'abord, mais il n'avoit pas seulement la pensée que ce pût être moi, avant
que je lui eusse parlé. *Comment Seignor*, lui
dis je d'abord en Portugais, *vous ne me recon-
noissez-pas* ? Il ne me répondit pas un mot,
mais donnant son fuzil à son compagnon, il
ouvrit les bras, & vint m'embrasser, en disant plusieurs choses en Espagnol dont je
n'entendois qu'une partie. Il me serra entre
ses bras, & me demandant mille pardons de
n'avoir pas reconnu ce visage, qu'il avoit
consideré autrefois comme celui d'un Ange
envoyé du Ciel pour lui sauver la vie. Il disoit encore un grand nombre d'autres belles
choses, que la politesse Espagnole fournissoit
à son cœur véritablement reconnoissant ; &
ensuite se tournant vers son compagnon, il
lui

lui ordonna de faire venir toute la bande. Il
me demanda si j'avois envie de me promener
vers mon Château, afin qu'il eût le plaisir de
m'en remettre en possession, sans avoir la satisfaction pourtant de m'y montrer les aug-
mentations, & les embellissemens où je devois naturellement m'attendre.

Je le voulus bien, mais il me fut aussi impossible de trouver ma demeure, que si je n'y
avois jamais été. Ils avoient planté un si
grand nombre d'arbres, ils les avoient arran-
gez d'une maniere si bizarre, & les avoient
placez si près l'un de l'autre, qu'étant extrêmement crus pendant les dix années de mon
absence, ils rendoient mon Château absolument inaccessible. On n'en pouvoit aprocher
que par des chemins si tortueux, que c'étoit
un vrai labyrinthe pour tout autre que pour
les habitans.

Quand je lui demandai, quelle raison l'a-
voit porté à faire tant de fortifications: Il me
dit que j'en verrois assez la nécessité, quand
il m'auroit donné un détail de tout ce qui s'é-
toit passé depuis l'arrivée des Espagnols dans
mon Isle. » Quoi qu'alors, poursuivit il,
» je fus dans une grande consternation de vô-
» tre départ, je ne laissai pas d'être charmé
» de vôtre honheur, qui vous avoit procuré
» si à propos un bon Navire pour vous tirer
» de ce desert. J'ai eu fort souvent, conti-
» nua t'il, certains mouvemens dans l'esprit
» qui me persuadoient que vous y retourne-
riez

riez un jour. Mais je dois avoüer, que rien «
ne m'est jamais arrivé dans tout le cours de «
ma vie de plus triste, & de plus mortifiant, «
que d'aprendre vôtre départ, quand j'ai «
conduit ici mes compatriotes. «

Il me dit encore, qu'il avoit une longue
histoire à me conter, touchant les trois Barbares que j'avois laissez dans l'Isle. Il entendoit par-là les trois Matelots seditieux, &
il m'assurât que les Espagnols s'étoient trouvez moins à leur aise avec eux, qu'avec les
Sauvages, parmi lesquels ils avoient mené une
si triste vie, excepté que les premiers étoient
moins à craindre à cause de leur petit nombre. » Mais, *dit-il, en faisant le signe de la*
Croix, s'ils avoient été plus nombreux, il y «
« du tems que nous serions tous dans le Pur- »
gatoire. J'espere, Monsieur, ajoûta-t'il, «
que vous aprendrez sans chagrin, qu'une né «
cessité absoluë, & le soin de nôtre propre «
conservation nous a forcé à les desarmer, «
& à nous les assujettir. Vous nous pardon «
nerez cette action assurément, quand vous «
saurez, que non seulement ils ont voulu être «
nos maîtres, mais encore nos meurtriers. «
Je lui répondis que j'avois déja craint tout de
la sceleratesse de ces drôles en quittant l'Isle,
& que j'aurois fort souhaité de le voir auparavant de retour avec ses compagnons,
& de les mettre en possession de l'Isle, en
leur soûmettant les Anglois, comme ils
n'avoient que trop merité. Que j'étois ravi

E 3   qu'il

qu'il y avoit songé pour moi, bien loin d'y trouver à redire, & que je ne sçavois que trop que c'étoient des coquins opiniâtres, incorrigibles, & capables de toutes sortes de crim'

Pendant ce discours, nous vîmes apr. cher l'homme qu'il avoit envoyé pour avertir ses compagnons de mon arrivée. Il étoit suivi d'onze Espagnols, qu'à leur habillement il étoit impossible de prendre pour tels. Il commença par nous faire connoître les uns aux autres; il se tourna d'abord de mon côté, en me disant, *Monsieur, voilà quelqu'uns de ces Gentils hommes, qui vous sont redevables de la vie*: & ensuite il leur dit qui j'étois & quelle obligation ils m'avoient. Là dessus ils s'aprocherent tous l'un après l'autre, non comme une troupe de simples Matelots qui voudroient faire connoissance avec un homme de mer, comme eux, mais comme des Ambassadeurs pour haranguer un Monarque, ou un Conquerant. Toutes leurs manieres étoient obligeantes & polies, avec un noble mélange de gravité Majestueuse, qui donnoit un air de bienséance & de grandeur à leur soûmission même. Je puis protester qu'ils savoient beaucoup mieux leur monde que moi, & que j'étois fort embarassé sur la maniere de recevoir leurs complimens, bien loin de me sentir en état de leur rendre la pareille.

L'Histoire de leur arrivée, & de leur conduite dans l'Isle est tellement remarquable; il y a tant d'incidens qui ont de la liaison avec ce que j'ai j'ai raporté dans ma premiere partie, que je ne saurois m'empêcher de la donner ici toute entiere avec toutes les particularitez, qui me paroissent extraordinairement interessantes.

Je m'en vais en lier tous les faits, autant que ma mémoire me le permettra, d'une maniere historique sans troubler davantage la tête du Lecteur d'un nombre infini de *dis-je, dit-il, repartis je, répondit il*, qui ne font que faire languir la narration.

Pour le faire d'une maniere succincte & intelligible, il faut que je fasse quelques pas en arriere, & que je fasse souvenir le Lecteur des circonstances dans lesquelles se trouve-rent ces gens à mon départ de l'Isle. On n'au-ra pas oublié peut être que j'avois envoyé un Espagnol, & le pere de *Vendredi* que j'avois sauvé tous deux des dents des *Cannibales*, pour aller dans un grand canot chercher dans le Continent les autres Espagnols, & pour les transporter dans l'Isle, afin de les tirer du triste état, où ils étoient, & de trouver avec eux le moyen de revenir parmi les Chrétiens.

Dans ce tems-là je n'avois pas plus de rai-sons pour m'attendre à ma délivrance, que je n'en avois eu vingt années auparavant, loin de voir la moindre aparence de l'arrivée d'un Vaisseau Anglois, par le moyen duquel je pusse me tirer de ma triste situation. Par conséquent, quand mes gens revinrent ils ne pûrent qu'être extraordinairement surpris en voyant que m'en étois allé, & que j'avois

E 4 laissé

laiffé dans l'Ifle trois Etrangers dans la poffeffion de tout ce qui m'apartenoit, & qu'ils
s'attendoient à partager avec moi.

Pour le Voyage qu'avoit fait mon Efpagnol avec le Pere de *Vendredi*, il me dit qu'il
n'y avoit rien de fort particulier, le tems
s'étant trouvé fort doux & la mer calme. Ses
compagnons, comme il eft aifé de croire,
furent charmez de le revoir, auffi étoit-il le
principal d'entr'eux, & leur Commandant,
depuis que le Capitaine du Vaiffeau, dans
lequel ils avoient fait naufrage, étoit mort.
Ils furent d'autant plus furpris de le voir,
qu'ils favoient qu'il étoit tombé entre les
mains des Sauvages, & qu'ils fupofoient
qu'il en avoit été devoré, felon leur affreufe
coûtume.

L'Hiftoire qu'il leur fit de fa délivrance,
& de la maniere dont je l'avois pourvû, pour
les tranfporter commodément, leur parut un
un fonge : leur étonnement étoit femblable,
à ce qu'ils m'ont dit enfuite à celui des fils de
Jacob, quand Jofeph fe fit connoître à eux,
& leur raconta fon élévation dans la Cour
du Roi d'Egypte. Mais lors qu'il leur montra
les Provifions qu'il leur aportoit pour le Voya
ge, les armes, la poudre & le plomb, ils furent tirez de leurs tranfports, ils formerent une
idée jufte de leur fort, & firent tous les préparatifs néceffaires pour paffer dans mon Ifle.

Leur premier foin fut d'avoir des canots,
& étant obligez de paffer les bornes de la

probité , en trompant leurs amis les Sauvages, ils leur emprunterent deux grandes barques fous prétexte d'aller fe divertir en mer , ou d'aller à la pêche.

C'eft dans ces Canots, qu'ils s'embarquerent le lendemain. Il ne leur falut pas beaucoup de tems pour emballer leurs richeffes , n'ayant ni bagage , ni habits , ni vivres , ni rien en un mot que ce qu'ils avoient fur le corps , & quelques racines , dont ils étoient accoûtumez de fe fervir au lieu de pain.

Mes deux Envoyez ne furent abfens en tout que pendant trois femaines , & dans cet intervalle je trouvai l'occafion de me tirer de l'Ifle, comme j'ai raporté au long dans ma premiere partie, laiffant mon Domaine en proye à trois fcelerats, les plus effrontez , les plus déterminez , & les plus difficiles à menager qu'on auroit pû trouver dans tout le Monde. Mes Efpagnols ne s'en aperçûrent que trop à leurs dépens.

La feule chofe équitable , que firent ces coquins , c'eft de donner d'abord ma Lettre aux Efpagnols, & de leur mettre mes Provifions entre les mains , comme je leur avois ordonné. Ils leur remirent encore un grand écrit très circonftancié, contenant mes directions, fur la maniere dont j'avois fongé à ma fubfiftance, & à mes commoditez, pendant mon féjour dans l'Ifle. Il contenoit la maniere dont j'avois fa mon pain , élevé mes chevres aprivoisées , femé mon blé , feché

mes

mes raisins , fait mes pots ; en un mot , toute
ma manière de me conduire dans cette déplorable situation.

Non-seulement ils livrerent cet écrit aux
Espagnols , dont deux sçavoient assez d'Anglois pour en profiter , mais ils leur donnerent toutes sortes de secours , & dans le commencement il régna entre mes deux Peuples
une assez grande union. Ils partagerent d'a-
bord avec eux mon Château , & vivoient en
freres avec les Espagnols , dont le Chef avoit
déja une idée de ma maniere de vivre ; ce qui
le rendoit capable de ménager toutes les affaires de la Colonie avec le secours du pere de
Vendredi.

Pour les Anglois ils étoient trop grands
Seigneurs pour se mêler d'une occupation si
basse ; Ils ne songeoient qu'à parcourir l'Isle ,
à tuer des perroquets , & à tourner des tor-
tuës , & quand le soir ils revenoient au logis ,
ils trouvoient le souper tout prêt , graces aux
soins des Espagnols.

Ceux-ci s'en seroient fort consolez , si les
autres avoient seulement voulu les laisser en
repos , mais ils n'étoient pas gens à vivre
long-tems en paix : ils n'avoient pas la moindre envie , de songer au bien de cette petite
République , & ils ne vouloient pas souffrir
que les autres les déchargeassent de ce soin ,
semblables au chien du Jardinier , qui ne
vouloit pas manger lui-même , ni permettre
que les autres mangeassent.

Leurs

Leurs differens étoient d'abord peu confidérables, & ne valent pas la peine d'être raportez, mais tout d'un coup la fcélératefle de mes coquins éclata de la maniere du monde la plus extraordinaire. Ils fe mirent à faire une guerre ouverte aux Efpagnols avec toute l'infolence imaginable, d'une maniere contraire à la raifon, à leur interêt, à la juftice, & même au fens commun, n'ayant pas feulement le moindre prétexte pour pallier la brutalité de leur conduite. Il eft vrai que je n'en ai fçû d'abord toutes les particularitez que des Efpagnols, qui étoient, pour ainfi dire, leurs accufateurs, & dont le témoignage pouvoit être fufpect ; cependant quand j'eus le loifir de les examiner fur tous les points de l'accufation, ils n'en oferent nier un feul.

Mais avant que d'aller plus loin, il faut que je fuplée ici à une négligence, dont j'ai été coupable dans ma premiere partie, en oubliant d'inftruire le Lecteur d'une particularité, qui a une grande liaifon avec ce qui va fuivre. Voici ce que c'eft.

Dans le moment que nous allions lever l'ancre pour quitter mon Ifle, il arriva une nouvelle petite querelle dans le Vaifleau Anglois, & il étoit fort à craindre que l'Equipage n'en vint à une feconde fédition.

La chofe en feroit venuë-là peut-être, fi le Capitaine s'animant de tout fon courage, & affifté de moi & de fes autres amis,

n'avoit

n'avoit pris par force deux des plus opiniâtres, & s'il ne les avoit fait mettre dans les
fers en les menaçant comme des rebelles qui
retomboient une seconde fois dans le même
crime, & qui excitoient les autres par leurs
discours séditieux, de les tenir en prison jusqu'à ce qu'il les fît pendre en Angleterre.

Quoique le Capitaine n'eût pas cette intention, il effraya par-là plusieurs Matelots
coupables de la premiere mutinerie, & ils
persuaderent à tout le reste qu'on les amusoit
seulement par de bonnes paroles, mais qu'on
les mettroit entre les mains de la Justice, dans
le premier Port de l'Angleterre où le Vaisseau
entreroit.

Le Contre-maître en eut le vent, & nous
en avertit, surquoi il fut résolu, que moi
qui passois toûjours pour un homme de con-
séquence, j'irois leur parler avec le Contre-
maître, & que je les assurerois que s'ils se
conduisoient bien pendant le reste du Voyage, il ne seroit jamais parlé du passé. Je m'ac-
quitai de cette commission, & je leur donnai ma parole d'honneur, qu'ils n'avoient
rien à craindre du ressentiment du Capitaine. Ce procédé les apaisa, sur tout quand
ils virent relâchez à mon intercession les deux
mutins, à qui on avoit mis les fers aux pieds.

Cependant cette affaire nous empêcha de
faire voile pendant cette nuit, & le vent s'é-
tant abbatu nous sûmes le lendemain que les
prisonniers qu'on avoit relâchez avoient volé

chacun

Chacun un mousquet , & quelques autres armes, comme aussi apparemment dequoi tirer, & que s'étant glissez dans la pinace , ils s'étoient sauvez à terre pour tenir compagnie avec les autres mutins leurs dignes compagnons.

Dès que nous eûmes fait cette découverte, je fis mettre la chaloupe en mer avec le Contre-maître & douze hommes, pour chercher ces coquins , mais ils ne les trouverent pas non plus que les trois autres. Car ils s'en étoient fuis tous ensemble dans les bois dès qu'ils avoient vû aprocher la chaloupe.

Le Contre-maître étoit sur le point de les punir une fois pour toutes , de toutes leurs mauvaises actions , en détruisant la Plantation , & en brûlant tout ce qui pouvoit les faire subsister , mais n'osant pas le faire sans ordre , il laissa tout dans l'état où il l'avoit trouvé , & se contenta de revenir au Vaisseau en ramenant la Pinace.

Par cette nouvelle recrue le nombre des Anglois dans l'Isle montoit jusqu'à cinq, mais les trois premiers étoient si supérieurs en méchanceté aux nouveaux venus , qu'après avoir vécu deux jours avec eux ils les chasserent de la maison , pour aller pourvoir à leur propre subsistance , & pendant quelques-tems ils pousserent la dureté jusqu'à leur refuser la moindre nourriture. Tout cela se passa avant l'arrivée des Espagnols.

Quand ceux-ci furent venus dans l'Isle, ils firent tous leurs efforts pour porter ces trois bê-

bêtes feroces à se réconcilier avec leurs compatriotes , & à les reprendre dans leur demeure , pour faire une seule famille ensemble,
mais ils ne voulurent pas seulement en entendre parler.

De cette maniere ces deux malheureux furent forcez de faire bande à part , & voyant
qu'il n'y avoit que l'industrie & l'aplication
capables de les faire subsister à leur aise, ils
dresserent leur tabernacle, dans la partie Septentrionale de l'Isle, mais un peu du côté de
l'Oüest , de peur des Sauvages , qui d'ordinaire débarquoient dans l'Isle du côté de l'Est.

C'est-là qu'ils construisirent deux Cabanes,
l'une pour leur servir de demeure , & l'autre
pour être leur magazin , & les Espagnols
leur ayant donné du blé pour semer , & une
partie des pots que je leur avois laissez , ils se
mirent à creuser , à planter , & à faire des enclos d'après le modéle que je leur avois pres-
crit , & dans peu de tems , ils se trouverent
dans une condition assez suportable. Quoi
qu'ils n'eussent d'abord ensemencé qu'une
très petite terre, ils eurent assez de bled pour
avoir du pain , & comme un des deux avoit
été second Cuisinier dans le Vaisseau , il étoit
fort habille à faire des soupes , des *Puddings*,
& d'autres mets , autant que leur ris , leur
lait , & leur viande pouvoient y fournir.

Ils étoient dans cette situation , quand les
trois coquins achevez , quoique leurs Compatriotes , les vinrent insulter , uniquement
pour

pour se divertir: Ils leur dirent, que c'étoit à
eux que l'Isle apartenoit, & que le Gouverneur leur en avoit donné la possession ; que
par conséquent personne n'y avoit le moindre
droit qu'eux, & qu'ils ne bâtiroient point de
maison sur leur Terrain, à moins que de leur
en payer les rentes, ou que le diable y auroit
part.

Les pauvres gens s'imaginerent d'abord
qu'ils vouloient railler : Ils leur demanderent
s'ils vouloient entrer, pour voir à leur aise
les beaux Palais, qu'ils avoient bâtis, & pour
s'expliquer sur les rentes qu'ils demandoient.
L'un voulant badiner à son tour, leur dit
que s'ils étoient les maîtres du terrain, il es-
peroit, que s'ils faisoient valoir leurs terres
comme il faut, ils voudroient bien leur acor-
der quelques années de franchise à l'exemple
des autres Seigneurs, & il les pria de faire venir un Notaire pour dresser le Contract. Un
de mes trois Marauts, en jurant & en plas-
phêmant comme un excommunié, répondit
qu'ils alloient voir si tout ceci n'étoit qu'une
raillerie, & s'aprochant d'un feu que ces bonnes gens avoient fait pour aprêter le dîner,
il prend un tison, le jette dans une des cabanes, & il y met le feu. Elle auroit été toute
consumée si un des propriétaires n'avoit cou-
ru sus à ce coquin, ne l'avoit éloigné par force de sa pauvre hutte, & n'avoit éteint le feu
en marchant dessus : encore eut-il bien de la
peine à y réussir.

Ce

Ce fcelerat étoit dans une telle rage, en voyant le mauvais fuccès de fa barbarie, qu'il avança fur celui qui en étoit la caufe, avec une perche qu'il tenoit dans la main, & qu'il l'auroit affommé s'il n'avoit évité le coup adroitement. Son compagnon voyant le danger où il étoit, vint d'abord à fon fecours. Ils faifirent chacun un fufil, & celui qui avoit été attaqué le premier, jetta fon ennemi à terre d'un coup de Croffe, avant que les deux autres fcelerats fuffent à portée, & voyant les autres deux fe préparer à les infulter, ils fe joignirent & leur prefentant les bouts de leurs fufils, ils les menacerent de leur mettre la bourre dans le ventre, s'ils ne tiroient païs.

Les autres avoient des armes à feu, mais un des honnêtes gens, plus hardi que fon camarade, & defefperé par le danger où il fe trouvoit, leur dit que s'ils faifoient la moindre mine de les coucher en jouë, ils étoient morts, & leur commanda courageufement de mettre bas les armes. Ils n'en firent rien, mais voyant les autres fi déterminez, ils en vinrent à une capitulation, & confentirent à s'en aller pourvû qu'on leur laiffât emporter leur compagnon bleffé. Il l'étoit effectivement, & dangereufement même, mais c'étoit fa propre faute. On peut dire que les deux attaquez, voyant leur avantage, avoient tort même de ne les pas défarmer réellement, comme ils en étoient les Maîtres, & de ne

pas

pas aller enfuite raconter toute leur avanture
aux Efpagnols. Car dans la fuite les trois malheureux ne fongerent à rien qu'à avoir leur
revanche, & ils le diffimulerent fi peu, qu'ils
ne voyoient jamais les autres fans les en menacer.

Ils les perfécuterent nuit & jour, & à différentes reprifes ils foulerent aux pieds leur
blé, tuérent à coups de fufil trois boucs &
une chevre, que ces pauvres gens élevoient
pour leur fubfiftance, en un mot ils les traite-
rent avec tant de cruauté & de barbarie, que
pouffez à bout ils prirent la réfolution defefperée de les combattre à la premiere occafion.
Dans ce deffein ils prirent le parti d'aller au
Château, où les trois coquins demeuroient
avec les Efpagnols, & de leur livrer le combat en honnêtes gens, en prefence des Etrangers à qui ils en vouloient donner le divertif-
fement.

Pour exécuter cette entreprife, ils fe leverent un matin avant le jour, & s'étant apro-
chez du Château, ils fe mirent à apeller les
trois fcelerats par leur nom, difant à un Efpagnol, qui leur répondit, qu'ils avoient à
parler en particulier avec ces trois diables.

Il étoit arrivé juftement le jour auparavant que deux Efpagnols avoient rencontré
dans le bois un de ces Anglois honnêtes gens
& qu'ils avoient entendu de terribles plain-
tes, fur les affronts & les dommages qu'ils
avoient reçûs de leurs barbares Compatrio-

tes, qui avoient ruiné leur Plantation ; détruit leur moiſſon, & tué leur bétail ; ce qui étoit capable de les faire mourir de faim, ſi les Eſpagnols ne les ſecouroient.

Ces derniers étant de retour au logis & ſe trouvant à table avec les ſcelerats, prirent la liberté de les cenſurer, quoique d'une maniere douce & honnête. L'un d'eux leur demanda, comment ils pouvoient être ſi cruels & ſi inhumains à l'égard de leurs pauvres compatriotes, qui ne les avoient jamais offenſez, & qui ne ſongeoient qu'à trouver par leur induſtrie dequoi ſubſiſter ; quelle raiſon imaginable ils pouvoient avoir, pour leur en ôter les moyens qui leur avoient coûté des travaux ſi fatigans ?

Un des Anglois repliqua bruſquement, que ces gens n'avoient rien à faire dans l'Iſle, qu'ils y étoient venus ſans permiſſion, que la terre ne leur apartenoit pas, & qu'il ne ſouffriroit abſolument pas qu'ils y bâtiſſent ou qu'ils y fiſſent des plantations. *Mais Seigneur Anglois*, dit l'Eſpagnol d'un ton fort moderé, *ils ne doivent pas mourir de faim.* » Qu'ils meurent de faim, & qu'ils aillent à » tous les diables, *répond t l'Anglois comme* » *un vrai Barbare* : Tant il y a qu'ils ne bâ- » ront ni ne planteront point ici. » *Que vou-* *lez vous donc qu'ils faſſent Seigneur Anglois* repliqua cet honnête homme ? » Ce que j » veux qu'ils faſſent, *dit l'autre animal fe-* » *roce*, qu'ils ſoient nos eſclaves, & qu'ils

» travaillent pour nous. « *Mais qu'elle raison
avez vous pour attendre cette soumission d'eux?
Vous ne les avez pas achetez, de vôtre argent,
& vous n'avez pas le moindre droit de les réduire à l'esclavage.* Le même coquin lui répondit, que l'Isle leur apartenoit à eux trois,
que le Gouverneur la leur avoit laissée, &
que personne n'y avoit la moindre chose à
dire qu'eux; que pour le faire voir ils alloient
brûler les huttes de leurs ennemis, & que
quelque chose qui put arriver, il n'y souffri-
roit pas leurs cabanes, ni leurs plantations.

A ce compte-là, Seigneur, dit l'Espagnol,
nous dévrions être vos esclaves aussi? » Fort «
bien, *repliqua l'impudent Coquin,* nous com- «
ptons bien là-dessus aussi, & vous vous en «
apercevrez bien-tôt. « Ce beau discours étoit
relevé par une centaine de *Dieu me damne,*
placez éloquemment dans les endroits les
plus convenables. L'Espagnol se contenta
d'y répondre par un souris mocqueur, & ne
daigna pas seulement lui dire le moindre mot.

Cette conversation cependant avoit échauffé la bile à ces coquins, & se levant avec fureur, l'un d'entr'eux, (il me semble que c'é-
toit Guillaume Atkins) dit aux autres, *Allons, morbleu, finissons avec ces chiens là, dé-
molissons leur Château, & ne souffrons pas
qu'ils tranchent du maître dans nos Domaines.*

Là-dessus ils s'en allerent tous trois, chacun armé d'un fusil, d'un pistolet, & d'un
sabre, en disant à demi-bas mille choses in-

folentes fur la maniere dont ils efperoient de traiter les Efpagnols à leur tour, dès qu'il en trouveroient l'occafion. Mais ceux-ci ne les entendirent qu'imparfaitement, ils parurent juger feulement, qu'ils les menaçoient pour avoir pris le parti des Anglois honnêtes gens.

On ne fçait pas trop bien ce qu'ils firent pendant toute cette nuit, mais il eft aparent qu'ils parcoururent tout le païs pendant quelques heures, & qu'enfin fatiguez ils s'étoient mis à dormir dans l'endroit que j'apellois autrefois ma Maifon de Campagne, fans s'éveiller d'affez bon matin pour executer leur projets abominables.

On fçût après que leur but avoit été de furprendre les deux Anglois dans le fommeil, de mettre le feu à leur cabane pendant qu'ils y feroient couchez, & de les y brûler, ou de les tuer lors qu'ils voudroient en fortir, pour éviter le feu. La malignité dort rarement d'un profond fommeil, & je m'étonne qu'ils n'eurent pas la force de fe tenir éveillez pour executer leur barbare deffein.

Cependant les autres ayant en même-tems réfolu une entreprife contr'eux, mais plus digne de braves gens que l'incendie & le meurtre, il arriva fort heureufement pour les uns & pour les autres, que ceux de la Cabane étoient déja en chemin avant que ces coquins fanguinaires vinffent à leur demeure.

Quand ils y arriverent, ils trouverent la hutte vuide. Atkins, qui étoit le plus déter-

miné, cria à ſes camarades, *Voicy le nid,*
mais les oiſeaux s'en ſont envolez, que le dia-
ble les emporte. Là-deſſus, ils s'arrêterent
pendant quelques inſtans pour deviner la raiſon qui pouvoit avoir obligé leurs ennemis à
ſortir de ſi bonne heure, & ils convinrent
tous que les Eſpagnols devoient leur avoir
donné connoiſſance du danger où ils alloient
être expoſez. Après cette belle conjecture ils
ſe donnerent la main tous trois, & s'engagerent par des ſermens horribles à ſe vanger de
ceux qui les avoient trahis. Immédiatement
après, ils ſe mirent à travailler ſur les huttes
des pauvres Anglois, ils les abbatirent toutes deux, & n'en laiſſerent pas une piece entiere ; de maniere, qu'à peine pouvoit-on
connoître la place où elles avoient été ; ils en
réduiſirent, pour ainſi dire en pouſſiere tous
les meubles, & en répandirent tellement les
débris au long & au large, qu'enſuite ces
bonnes gens trouverent pluſieurs de leurs
utenſiles à une demi-lieuë de leur habitation.

Après cette expédition, ils arracherent
tous les arbres que leurs ennemis avoient plantez, briſerent l'enclos dans lequel ils tenoient
leur bétail, & leur blé, en un mot, ils ſacca-
gerent tout auſſi parfaitement qu'auroit pû
faire une Horde de Tartares.

Pendant ce bel exploit les deux Anglois
étoient allez pour les chercher, & pour les
combattre par tout où ils les trouveroient, &
quoi qu'ils ne fuſſent que deux contre trois, il

eſt

est certain qu'il y auroit eu du sang répandu,
car ils étoient tous également déterminez, &
incapables de s'épargner en aucune maniere.

Mais la Providence fut plus soigneuse de
les separer, qu'ils n'étoient ardens à se joindre, car comme ils avoient voulu se croiser à
dessein, lorsque les trois étoient allez du côté
des huttes, les deux marchoient du côté du
Château, & lorsque ces derniers se furent mis
en chemin pour les chercher, les trois étoient
revenus du côté de ma vieille demeure. Nous
allons voir dans le moment la difference qu'il
y eut dans le procedé des uns & des autres.

Les trois revinrent vers les Espagnols la fureur peinte dant tout leur air, & échauffez
de leur expédition, qu'ils avoient faite avec
tant d'animosité, & se vanterent hautement
de leur action, comme si elle avoit été la
la plus héroïque du monde. Et l'un d'entr'eux
avançant sur un des Espagnols d'un air arro-
gant comme s'il avoit à faire à une troupe
de polissons, il lui saisit le chapeau & le lui
faisant pirouëtter sur la tête, il lui dit inso-
lemment en lui riant au nés : *Et vous, Seigneur Marane, nous vous donnerons la même
sauce, si vous n'avez pas soin d'avoir plus de
respect pour nous.*

L'Espagnol, quoique doux & fort honnête, étoit un homme aussi courageux qu'on
puisse l'être, d'ailleurs il étoit adroit & ro-
buste au suprême degré. Après avoir regardé
fixement celui qui venoit de l'insulter avec

fi peu de raifon , il alla vers lui d'un pas fort
grave , & du premier coup de poing il le jetta à terre comme un bœuf qu'on affomme ;
furquoi un autre Anglois auffi infolent que
le premier , lui tira un coup de piftolet. Il ne
le tua pas pourtant, les balles pafferent au
travers de fes cheveux , mais l'une lui toucha
le bout de l'oreille, & le fit faigner beaucoup.

L'Efpagnol voyant couler fon fang abondamment, crût être bleffé plus dangereufement qu'il n'étoit , & quoique jufques-là il
eût agi avec toute la modération poffible , il
commença à s'échauffer , & crût qu'il étoit
tems de montrer à ces fcelerats qu'ils avoient
tort de fe jouër à d'auffi braves gens qu'eux,
il arracha le fufil à celui qu'il avoit jetté à terre , & il alloit faire fauter la cervelle à celui
qui l'avoit voulu tuer , quand les autres Efpagnols fe montrant , le prierent de ne point
tirer , & fe jettant fur mes drôles , les defar-
merent,& les mirent hors d'état de leur nuire.

Quand fes marauts fe virent fans armes ,
& les Efpagnols autant animez contre eux
que les Anglois, ils commencérent à mettre
de l'eau dans leur vin , & les prier avec affez
de douceur de leur rendre leurs armes. Mais
confidérant l'inimitié qu'il y avoit entr'eux
& les deux habitans des huttes, & perfuadez
que le meilleur moyen d'empêcher qu'ils n'en
vinffent aux mains enfemble, étoit de laiffer
ceux-ci défarmez , ils leur dirent , qu'ils n'a-
voient point intention de leur faire moindre
mal,

mal , & qu'ils continuëroient à leur donner
toute forte d'affiftance , s'ils vouloient vivre
paifiblement , mais qu'ils ne trouvoient pas à
propos de leur rendre leurs armes , pendant
qu'ils étoient animez contre leurs propres
compatriotes , & qu'ils avoient même décla-
ré ouvertement leur deffein de faire tous les
Efpagnols efclaves,

Ces gens abominables , qui n'étoient non
plus en état d'entendre raifon que d'agir rai-
fonnablement , voyant qu'on leur refufoit ,
leurs armes , fortirent de cet endroit la rage
dans le cœur , & menaçant qu'ils fçauroient
bien fe venger des Efpagnols , quoi qu'on leur
eût ôté leurs armes à feu. Mais ceux-ci mé-
prifant leurs bravades leur dirent , de prendre garde à ne rien entreprendre contre leurs
plantations , & contre leur bétail ; que s'ils
étoient affez hardis pour le faire , ils les tuë-
roient comme des bêtes féroces, partout où ils
les trouveroient , & que fi après une telle
hoftilité ils tomboient vifs entre leurs mains,
qu'ils les pendroient fans quartier.

Ces menaces ne leur firent rien rabattre de
leur fureur , & ils s'en allerent jettant feu &
flâme , & jurant de la maniere du monde la
plus horrible.

A peine les avoit-on perdus de vuë , que
voila nos deux autres , tout auffi enragez
qu'eux, mais à bien plus jufte titre, car ayant
été à leur Plantation , & la voyant détruite
de fond en comble , ils avoient de fortes raifons

ſons pour s'emporter contre leurs barbares ennemis. Ils ne trouverent que difficilement le tems de raconter leur malheur aux Eſpagnols, tant ceux-ci s'empreſſoient de les informer de leur propre Avanture. Il faut avoüer que c'étoit une choſe très extraordinaire de voir ainſi trois inſolens inſulter dix-neuf braves gens ſans recevoir la moindre punition.

Il eſt vrai que les Eſpagnols les mépriſoient ſur tout après les avoir deſarmez, & rendu par là leurs menaces vaines. Mais les Anglois étoient plus animez, & réſolurent d'en tirer vengeance, quoi qu'il en pût arriver.

Les Eſpagnols les apaiſerent pourtant, en leur diſant, que puis qu'ils leur avoient ôté leurs armes, ils ne pouvoient pas permettre qu'on les attaquât, & qu'on les tuât à coups de fuſil. De plus, l'Eſpagnol qui étoit alors comme Gouverneur de l'Iſle, les aſſura, qu'il leur procureroit une ſatisfaction entiere. Car, dit-il, il ne faut pas douter qu'ils ne reviennent à nous quand leur fureur aura eu le temps de ſe rallentir, puis qu'ils ne ſçauroient ſubſiſter ſans nôtre ſecours, & nous vous promettons en ce cas qu'ils vous ſatisferont, à condition que de vôtre côté vous vous engagiez à n'exercer aucune violence contr'eux, que pour vôtre propre défenſe.

Les deux Anglois s'y accorderent, mais avec beaucoup de peine, ce qui n'eſt pas ſurprenant ; mais les Eſpagnols leur proteſterent qu'ils n'avoient pas d'autre but que d'em-

pêcher l'effusion de sang parmi eux , & de
les rendre tous plus heureux. »Car, dirent-
» ils , nous ne sommes pas si nombreux, qu'il
» n'y ait de la place ici pour nous tous, & c'est
» une grande pitié, que nous ne puissions être
» tous amis. « Ces paroles les adoucirent à la
la fin entierement : ils s'engagerent à tout ce
que les Espagnols voulurent , & resterent
quelques jours avec eux à cause que leur propre habitation avoit été détruite.

Environ cinq jours après, les trois vaga-
bonds las de se promener & à moitié morts
de faim, ne s'étant soutenus que par quelques
œufs de Tourterelle, revinrent vers le Château , & voyant le Commandant Espagnol
avec deux autres , se promenant sur les bords
de la petite Baye , ils s'en aprocherent d'une
maniere assez soumise, & lui demanderent en
grace & avec humilité, d'être reçûs de nouveau dans la famille. Mon honnête homme
d'Espagnol les reçût gracieusement : mais il
leur dit qu'ils avoient agi avec leurs propres
compatriotes d'une maniere si grossiere, &
avec ses gens à lui d'une maniere si brutale,
qu'il lui étoit impossible d'accorder leur demande, sans déliberer là-dessus auparavant
avec les deux Anglois,& avec les autres Espa-
gnols:qu'ilalloit dans le moment leur en faire
la proposition,& qu'il leur donneroit réponse
dans une demie heure. La faim leur fit paroî-
tre la condition d'attendre une demie heure
hors du Château extrêmement dure, & n'en
pou-

pouvant plus, ils suplierent le Gouverneur de leur faire aporter un peu de pain, ce qu'il fit. Il leur envoya en même-tems une grosse piece de Chevreau & un perroquet roti, & ils mangerent tout avec un très grand apetit.

Après avoir entendu le résultat de la déliberation pendant la demi-heure stipulée, on les fit entrer, & il y eut une longue dispute entr'eux & leurs compatriotes, qui les accusoient de la ruïne totale de leur plantation, & du dessein de les assassiner. Comme ils s'en étoient vantez auparavant, ils ne pûrent pas le nier alors. Le Chef des Espagnols fit le médiateur, & comme il avoit porté les deux Anglois à ne point attaquer les trois autres, pendant qu'ils seroient desarmez & hors d'état de leur nuire, ainsi il obligea les trois scelerats d'aller rebâtir les cabanes ruïnées, l'une précisément comme elle avoit été, & l'autre plus spacieuse, à faire de nouveaux enclos, à planter de nouveaux arbres, à semer du blé au lieu de celui qu'ils avoient ruïné ; en un mot à remettre tout dans l'état où ils l'avoient trouvé, autant qu'il étoit possible ; car il n'étoit pas faisable de supléer exactement au blé qui étoit déja fort avancé, & aux arbres, qui avoient déja commencé à croître considérablement.

Ils se soumirent à toutes ces conditions, & comme on leur donnoit des vivres en abondance, ils commencerent à vivre paisiblement & toute la Colonie étoit fort unie. Il

n'y

n'y manquoit rien, sinon qu'il étoit impossible de porter les trois vagabons à travailler
pour eux-mêmes.

Néanmoins les Espagnols furent assez obli-
geans pour leur déclarer, que pourvû qu'ils
ne troublassent plus le repos de la Société,
& qu'ils voulussent prendre à cœur le bien
général de la plantation, ils travailleroient
pour eux avec plaisir, & qu'ils leur permettroient de se promener à leur fantaisie, &
d'être aussi fainéans, qu'ils le trouveroient à
propos. Tout alla parfaitement bien pendant
un mois ou deux, surquoi les Espagnols furent assez bons pour leur rendre les armes,
& pour leur donner la moindre liberté, dont
ils avoient joüi auparavant.

Huit jours après cet acte de générosité de
la part des Espagnols, mes scelerats, incapables de la moindre reconnoissance, recom-
mencerent leurs insolences de plus belle, &
ils se mirent dans la tête le dessein du monde
le plus affreux. Ils ne l'executerent pourtant
pas alors, à cause d'un accident qui mit toute la Colonie également en danger, força
les uns & les autres à renoncer à tout ressentiment particulier, pour songer à leur propre
conservation.

Il arriva pendant une nuit que le Gouverneur, ou le Chef des Espagnols ne put fermer les yeux de quelque côté qu'il se tournât,
Il se portoit très bien par raport au corps,
comme il m'a dit, mais il se sentoit agité par
des

des penſées tumultueuſes , quoique parfaite-
tement éveillé , ſon cerveau étoit plein d'images de gens qui ſe battoient , & qui ſe tuoient
les uns les autres. En un mot ayant reſté quelque-tems au lit dans cette inquiétude, & ſen-
tant ſon agitation redoubler de plus en plus,
il ſe leva. Comme ils étoient tous couchez ſur
des tas de peaux de chévre, placées dans de
petites couches qu'ils avoient dreſſées pour
eux-mêmes & non pas dans des branles comme moi , ils avoient peu de choſe à faire pour
ſe lever. Il ne leur falloit que ſe dreſſer ſur
leurs pieds & mettre un Juſtaucorps , & leurs
eſcarpins. Les voilà en état de ſortir & de vâ-
quer à leurs affaires.

S'étant levé de cette maniere-là , il ſortit,
mais l'obſcurité l'empêchoit de rien voir d'u-
ne maniere diſtincte ; d'ailleurs il en étoit empêché par ſes arbres que j'avois plantez , &
qui étant parvenus à une grande hauteur
lui barroient la vûë, de maniere qu'il ne pouvoit que regarder en haut & remarquer que
le Ciel étoit ſerain & plein d'Etoiles. Il n'entendoit pas le moindre bruit , & là-deſſus il
prit le parti de ſe recoucher. Mais c'étoit encore la même choſe ; il ne pouvoit ni dormir,
ni ſe tranquiliſer l'eſprit , il ſentoit toûjours
ſon ame également troublée ſans en apercevoir la moindre raiſon.

Ayant fait quelque bruit en ſe levant &
en ſe recouchant, en ſortant & en rentrant,
un de ſes gens s'éveilla , & demanda qui étoit

ce-

celui qui faiſoit du bruit : Sur quoi le Gouverneur lui dépeignit la ſituation où il ſe
trouvoit. Ecoutez-donc, lui dit l'Eſpagnol,
de tels mouvemens ne ſont pas à négliger, je
vous en aſſure. Il y a certainement quelque
malheur qui nous pend ſur la tête. Où ſont
les Anglois ? pourſuivit-il. Il n'y a rien à
craindre de ce côté-là, répondit le Gouverneur, ils ſont dans leurs huttes. Il eſt aparent que depuis leur derniere mutinerie, les
Eſpagnols s'étoient réſervez mon Château,
& qu'ils avoient logé les Anglois dans un
quartier à part, d'où ils ne pouvoient pas venir à eux, ſans qu'ils y conſentiſſent.

N'importe, répondit l'Eſpagnol, il y a
ici quelque choſe qui ne va pas bien, j'en ſuis
ſûr par ma propre expérience. Je ſuis très
convaincu, ajoûta-t'il, que nos eſprits ont
de la communication avec les eſprits dégagez
de la matiere, qui habitent le monde inviſible, & qu'ils en reçoivent des avertiſſemens
avantageux, pourvû qu'ils s'en veüillllent ſervir. Allons, dit-il, ſortons d'ici, examinons
tout, & ſi nous ne trouvons rien, qui puiſſe
juſtifier vos apréhenſions, je vous conteraï
une Hiſtoire fort convenable au ſujet, &
qui vous convaincra de la verité de mon opinion.

En un mot ils allerent enſemble ſur la colline d'où j'avois autrefois reconnu le Païs en
pareil cas, en y montant par le moyen d'une
échelle, que je tirois après moi, afin de par-
ve-

ver ir jusqu'au second étage. Comme ils étoient alors en grand nombre dans l'Isle, ils ne s'aviserent pas de toutes ces précautions ils s'y en furent tout droit par le bois, mais ils furent bien surpris en remarquant de cette hauteur une lumiere venant de quelque feu, & en entendant les voix de plusieurs hommes.

Dans toutes les occasions où j'avois vû les Sauvages débarquer dans mon Isle, j'avois pris tout le soin imaginable pour leur cacher que l'Isle étoit habitée, & quand ils venoient à le découvrir, je le leur faisois sentir d'une maniere si rude, que ceux qui s'en échapoient n'en pouvoient pas donner un recit fort exact, & les seuls qui m'avoient vû, & qui s'en étoient allez en état de le raconter, étoient les trois Sauvages, qui dans nôtre derniere rencontre s'étoient sauvez dans un des trois canots, & dont la fuite m'avoit fort alarmé.

Il n'étoit pas possible à ma Colonie de sçavoir si les Sauvages étoient abordez à l'Isle dans un si grand nombre, portez à quelque dessein contre elle par le raport de ces trois, ou si c'étoit par la raison ordinaire qui les y avoit fait venir autrefois. Mais quoi qu'il en soit, il n'y avoit pour elle que deux partis à prendre, ou de se cacher soigneusement & de prendre toutes les mesures possibles pour laisser ignorer à ces Cannibales que l'Isle étoit habitée, ou de tomber sur eux avec tant de vigueur qu'il n'en échapât pas un seul, ce

qui

qui ne se pouvoit faire qu'en leur coupant le chemin de leurs barques. Malheureusement mes gens n'eurent pas cette presence d'esprit, ce qui troubla leur tranquilité pendant un tems considérable.

On croira facilement que le Gouverneur & les deux hommes, surpris de ce qu'ils voyoient, s'en retournerent dans le moment, pour éveiller leurs camarades & pour les instruire du danger qui les menaçoit. Ils prirent d'abord l'alarme, mais il fut impossible de leur persuader de se tenir clos, & couverts. Ils sortirent d'abord pour voir de leurs propres yeux ce dont il s'agissoit.

Le mal n'étoit pas grand pendant qu'il faisoit obscur, & ils eurent tout le loisir pendant quelques heures de considerer les sauvages, par le moyen de la lumiere répanduë de trois feux, qu'ils avoient faits sur le rivage, à quelque distance l'un de l'autre. Ils ne pouvoient pas comprendre quel étoit le dessein de ces gens, & ils ne sçavoient à quoi se résoudre eux-mêmes. Les ennemis étoient en grand nombre, & ce qu'il y avoit de plus chagrinant, c'est que bien d'être tous ensemble, ils étoient separez en plusieurs bandes assez éloignées l'une de l'autre.

Ce spectacle jetta les Espagnols dans une terrible consternation; ils voyoient ces droles roder par tout, & craignoient fort que par quelque accident ils ne vinssent à découvrir leur habitation, ou qu'ils ne fussent assurez

par quelque marque que le lieu étoit peuplé.
Ils craignoient sur tout pour leur troupeau,
qui ne pouvoit pas être détruit sans les mettre en danger de mourir de faim.

Pour prévenir ce desastre ils détacherent
d'abord deux Espagnols & trois Anglois,
avec ordre de chasser tout le troupeau dans la
grande vallée où étoit ma Grotte, & de le
faire entrer dans la Grotte même s'il étoit nécessaire.

Ils résolurent en même-tems, que s'il arrivoit que les Sauvages s'assemblassent tous
dans une seule troupe & s'éloignassent de
leurs canots, de tomber sur eux quand ils seroient une centaine. Mais c'est à quoi il ne faloit pas s'attendre, il y avoit entre leurs petites bandes la distance d'une grande demi-
lieuë, & comme il parut ensuite, elles étoient
de deux Nations differentes.

Après s'être arrêtez quelque-tems pour
déliberer sur le parti le plus sûr qu'il y avoit
à prendre dans cette conjoncture, ils résolurent d'envoyer le vieux Sauvage pere de *Vendredi*, pour aller reconnoître pendant qu'il
faisoit encore obscur, & pour se mêler avec
eux, afin de sçavoir leur dessein. Le bon Vieillard l'entreprit volontiers, & s'étant mis nud
comme la main, il partit dans le moment
Après deux heures d'absence il vint raporter
qu'il avoit trouvé que c'étoient deux partis
differens de deux Nations qui étoient en guerre l'une contre l'autre. Qu'ils avoient donné
une

une grande bataille dans leur Païs , & qu'a-
yant fait quelques prisonniers de côté & d'autres, ils étoient venus par pur hazard dans la
même Isle pour faire leur festin , & pour se
divertir. Que dès qu'ils s'étoient découverts
mutuellement, leur joye avoit été extrêmement troublée, & qu'ils paroissoient dans
une si grande rage , qu'il ne faloit pas douter
qu'ils ne se battissent de nouveau à l'aproche
du jour. Il n'avoit pas vû d'ailleurs la moindre aparence qu'ils soupçonnassent l'Isle d'ê-
tre habitée , & qu'ils s'attendissent à y trouver d'autres gens que leurs ennemis. À peine
peine ce bon homme eût-il fini son raport ,
qu'un terrible bruit fit comprendre à nos gens
que les deux armées en étoient aux mains , &
que le combat devoit être furieux.

Le pere de *Vendredi* employa toute son
éloquence à persuader à nos gens de se tenir
en repos & de ne se pas montrer. Il leur dit
que c'étoit en cela seul que consistoit leur sûreté , que les Sauvages ne manqueroient pas
de se tuer les uns les autres , & que ceux qui
échaperoient du combat, s'embarqueroient
toute aussi tôt. Cette prédiction fut accom-
plie dans toutes ces circonstances.

Mes gens pourtant ne voulurent point entendre raison , particulierement les Anglois,
qui sacrifiant leur prudence à leur curiosité sortirent tous pour aller voir le combat.
Ils ne laisserent pas pourtant de se servir de
quelque précaution , & au lieu d'avancer à
dé-

découvert par devant leur habitation, ils prirent un détour par le bois & fe placerent avantageufement dans un endroit où ils pouvoient voir tout ce qui fe paffoit fans être découverts, à ce qu'ils croyoient. Mais il femble pourtant par la fuite, qu'ils avoient été aperçûs par les Sauvages.

La bataille cependant étoit auffi terrible qu'opiniâtre, & fi je puis ajoûter foi aux Anglois, il paroiffoit dans un des partis une bravoure extraordinaire, une fermeté invincible, & beaucoup d'adreffe à menager le combat. Il dura deux heures, avant qu'on put voir de quel côté fe déclaroit la victoire. Mais alors la troupe la plus proche des Anglois commença à s'affoiblir, à fe mettre en défordre, & à s'enfuïr peu de tems après.

Nos gens craignoient fort que quelques-uns des fuyards ne fe jettaffent, pour fe dérober à la fureur de leurs ennemis, dans la caverne, qui étoit devant leur habitation, & qu'ainfi ils ne découvriffent involontairement, que le lieu étoit habité. Ils craignoient bien plus encore, que les victorieux ne les y fuiviffent, & là-deffus ils réfolurent de fe tenir avec leurs armes au dedans du retranchement, & de faire une fortie fur tous ceux, qui voudroient entrer dans la caverne, dans le deffein de les tuer tous, & de les empêcher de donner des nouvelles de leur découverte. Leur deffein étoit de ne fe fervir pour cet effet que de leurs fabres, ou des croffes de leurs

fu-

fuſils, de peur de faire du bruit & de s'en
attirer par-là un plus grand nombre.

La choſe arriva préciſement comme ils
s'y étoient attendus : trois d'entre les vaincus
s'enfuyant de toutes forces, & traverſant
la Baye vinrent directement vers cet endroit,
ne ſongeant à autre choſe qu'à chercher un
azile dans ce qui leur paroiſſoit un bois épais.
La ſentinelle de mes gens vint auſſi-tôt les
avertir, en ajoûtant à leur grande ſatisfaction
que les vainqueurs ne les pourſuivoient pas
& ſembloient ignorer de quel côté ils s'é-
toient ſauvez ; ſur quoi le Gouverneur Eſpagnol trop humain pour ſouffrir qu'on maſſa-
crât ces pauvres fugitifs, ordonna à trois de
nos gens de paſſer par deſſus la colline, de ſe
gliſſer derriere eux, de les ſurprendre, & de
les faire priſonniers : ce qui fut fait.

Le reſte du peuple vaincu s'enfuit du côté de leurs canots, & mit en mer. Pour les
victorieux ils ne le pourſuivirent pas avec
beaucoup d'ardeur, & s'étant tous mis enſemble, ils jetterent deux grand cris pour ce-
lebrer leur triomphe ſelon toutes les aparen-
rences. Le même jour à peu près à trois heures de l'après dînée, ils rentrerent dans leurs
barques, & de cette maniere ma Colonie
s'en vit délivrée, ſans revoir ces ſortes d'hôtes de pluſieurs années.

Après qu'ils ſe furent tous retirez, les Eſpagnols ſortirent de leur cachette pour examiner le champ de bataille. Ils y trouverent

à

à peu près une trentaine de morts, dont quelques-uns avoient été tués par de grandes flèches qu'on leur voyoit encore dans le corps mais la plûpart avoient perdu la vie par les coups terribles de certains sabres de bois, dont mes gens trouverent seize ou dix-sept sur la place, avec autant d'arcs & de javelots. Ces sabres étoient d'une grossiereté & d'une pesanteur terrible, & il falloit avoir une force extraordinaire pour les manier comme il faut. La plûpart de ceux qui avoient été tués par cet instrument, avoient la tête brisée, & comme l'on dit en marmelade. D'autres avoient les bras & les jambes cassées, ce qui marque clairement qu'ils se bâtoient avec la derniere animosité. Nous n'en trouvâmes pas un qui ne fut roide mort. Car la coûtume est parmi eux de faire tête à l'ennemi quoique blessez, jusqu'à la derniere goute de leur sang, & les victorieux ne manquent jamais d'emporter les propres blessez, & ceux d'entre les ennemis que leurs blessures empêchent de se sauver par la fuite.

Cet accident aprivoisa mes Anglois pendant quelque-tems : ce spectacle leur avoit donné de l'horreur, & ils trembloient à la seule idée de ces Cannibales, entre les mains desquels ils ne pouvoient tomber, sans être tuez comme ennemis, & sans leur servir de de nourriture comme un troupeau de bétail. Ils m'avoüerent ensuite, que la pensée d'être mangé en guise de bœuf ou de mouton, quoi-

que

que ce malheur ne pût leur arriver qu'après la
mort, avoit alors quelque chose pour eux de
si effroyable, qu'ils en avoient mal au cœur,
& que pendant plusieurs semaines, les images affreuses qui leur rouloient dans l'esprit,
les avoient presque rendus malades.

Ils furent quelque tems de suite fort trai-
tables, & vâquerent aux affaires communes
de la Colonie. Ils plantoient, semoient, faisoient la moisson comme s'ils avoient vécu dès
leur enfance dans ce lieu : mais cette bonne
conduite n'eût point de durée, & ils prirent
bien-tôt de nouvelles mesures abominables,
qui les précipiterent eux-mêmes dans de
grands malheurs.

Ils avoient fait trois prisonniers, comme
j'ai dit, c'étoient de jeunes gens alertes & ro-
bustes, qui les servirent en qualité d'esclaves,
& qui leur furent d'une grande utilité. Mais
ils ne s'y prirent pas pour gagner leur cœur
de la même maniere que j'en avois usé avec
Vendredi. Ils négligerent de les rendre sensi-
bles à l'humanité par laquelle ils leur avoient
sauvé la vie. Bien loin de leur donner quelque principe de Religion, ils ne songerent pas
seulement à les civiliser, & à leur inspirer
une conduite raisonnable par des instructions
sages & accompagnées de douceur. Ils les
nourrissoient, mais en récompense ils les em-
ployoient au travail le plus rude, & ils ne
s'en faisoient servir que par force. De cette
maniere ils ne pouvoient pas compter sur

eux

eux quand il s'agiroit de hazarder leur vie pour leurs Maîtres : au lieu que *Vendredi* étoit homme à se précipiter dans une mort certaine pour me tirer du danger.

Quoi qu'il en soit, toute la Colonie étoit liée alors par une sincere amitié, le péril commun en ayant banni pour un tems toute animosité particuliere. Dans cette situation ils se mirent unanimement à déliberer sur leurs intérêts, & la premiere chose, qui leur parut digne d'attention, c'étoit d'examiner, si instruits par l'expérience que le côté de l'Isle qu'ils occupoient étoit le plus fréquenté par les Sauvages, ils ne feroient pas bien de se retirer dans un endroit plus éloigné tout aussi propre à leur fournir abondamment dequoi vivre, & infiniment plus capable de mettre en sûreté leur blé & leur bétail.

Après beaucoup de raisonnemens pour & contre ce projet, on résolut de ne point changer de demeure, parce qu'il pourroit arriver un jour que le vieux Gouverneur leur envoyât quelqu'un de sa part, qui ne pouroit que les chercher en vain, s'ils s'éloignoient de mon ancienne demeure, & qui les croiroit tous péris, s'il voyoit mon Château détruit, ce qui les priveroit à jamais de tout le secours que j'aurois la bonté de vouloir leur donner. Mais pour leur blé, & leur bétail, ils tomberent d'accord de les reculer dans la vallée, où étoit ma Grotte, & où il y avoit une grande étenduë de fort bonne ter-

terre. Cependant après y avoir pensé plus
mûrement, ils changerent ce desséin, &
prirent la résolution de n'envoyer dans cette valée qu'une partie de leur bétail, & de
n'y semer que la moitié de leur blé : afin
que si par quelque desastre une partie en
étoit détruite, le reste pût être hors d'insulte, & leur fournir le moyen de réparer
leur perte.

D'ailleurs ils prirent un parti fort prudent
à mon avis par raport à leurs prisonniers.
C'étoit de leur cacher soigneusement le bétail qu'ils avoient dans cette vallée, & la nouvelle Plantation, qu'ils avoient trouvé à propos d'y faire. Sur tout ils ne les laisserent jamais aprocher de la Grotte, qu'ils considé-
roient comme un azile sûr, en cas d'extrême
nécessité, & où ils avoient caché les deux barils de poudre, que je leur avois laissé en par-
tant.

Comme j'avois mis mon Château à couvert par un retranchement, & par un bois
assez épais, ils virent aussi bien que moi que
toute leur sureté consistoit à n'être pas découverts, & conséquemment ils résolurent de
rendre leur habitation invisible de plus en
plus. Pour cet effet voyant que j'avois planté des arbres à une assez grande distance de
l'entrée de ma demeure, ils suivirent le même
plan, & en couvrirent toute l'étenduë, qu'il
y avoit entre mon bocage & le côté de la
Baye, où autrefois j'étois abordé avec mes ra-
deaux.

deaux. Ils pousserent leur plantation jusqu'à l'endroit marécageux que la marée inondoit, sans laisser le moindre lieu commode pour y débarquer, ni la moindre trace qui put le faire entreprendre.

J'ai déja dit que cette sorte d'arbres croissent en fort peu de tems, & comme ils les plantoient beaucoup plus grands & plus avancez, que je n'avois fait, n'ayant que le dessein de mettre les palissades devant ma Fortification, à peine avoient-ils été en terre pendant trois ou quatre ans, qu'étant fort près l'un de l'autre, ils firent une haye impénétrable à la vûë même. A l'égard de ceux que j'avois plantez moi-même, & dont le tronc étoit de la grosseur d'une cuisse d'homme, ils en mirent un si grand nombre de jeunes, & les placerent si serrez, que pour pénétrer par force dans le Château il auroit fallu une armée entiere, pour s'y faire une entrée à coups de hache ; car à peine un petit chien auroit-il pû passer au travers.

Ce ne fut pas tout, ils firent la même chose des deux côtez de mon habitation, & par derriere, jusqu'à couvrir d'arbres toute la Colline, ne se laissant pas à eux mêmes la moindre sortie, que par le moyen de mon échelle, qu'ils tiroient après eux pour monter sur le second étage de cette hauteur, précisément comme je m'y étois pris autrefois moi-même. Ainsi quand l'échelle n'y étoit pas, il faloit des aîles ou du sortilége pour rendre quelqu'un capable de venir à eux.

Il n'y avoit rien là qui ne fut parfaitement bien imaginé, & ils virent enfuite que toutes ces précautions n'avoient pas été inutiles. Je fus convaincu par-là, que comme la prudence humaine eft authorifée par la Providence, ainfi c'eft la direction de la Providence, qui la met à travailler, & fi nous voulions bien en écouter la voix, je fuis fûr que ce feroit le moyen d'éviter un grand nombre de defaftres, aufquels nôtre négligence eft accoûtumée d'affujettir nôtre vie. Cela foit dit en paffant.

Ils vécurent de cette maniere deux années de fuite dans une parfaite tranquillité fans recevoir la moindre vifite de leurs incommodes voifins. Il eft vrai qu'un matin ils eurent une allarme bien chaude. Elle leur fut donnée par quelques Efpagnols, qui ayant été de fort bonne heure du côté Occidental de l'Ifle, où je n'avois jamais mis le pied, de peur d'être découvert, avoient été furpris par la vûë d'une vingtaine de çanots qui paroiffoient fur le point d'aborder le rivage : ils étoient revenus au logis à toutes jambes dans une grande confternation, & ils avoient averti leurs camarades du danger qui paroiffoit les menacer.

Là-deffus ils fe tinrent clos & couverts pendant tout ce jour, & le jour fuivant, ne fortant que la nuit pour aller reconnoître ; mais heureufement pour eux l'allarme étoit

fauf-

fauſſe, les Sauvages ne s'étoient pas débarquez, & ils avoient aparemment pouſſé plus
loin pour exécuter quelque autre entrepriſe.

Peu de tems après ils eurent une nouvelle
querelle avec les trois Anglois, dont voici la
cauſe. Un d'entr'eux le plus violent de tous
les hommes, enragé contre un des Eſclaves,
de ce qu'il n'avoit pas bien fait quelque ouvrage qu'il lui avoit donné, & qu'il avoit marqué quelque dépit, lors qu'il avoit voulu le
redreſſer, ſaiſit une hache, non pas pour le
punir, mais pour le tuer.

Il avoit envie de lui fendre la tête, mais ſa
rage ne lui permettant pas de bien diriger ſon
coup, il tomba ſur l'épaule du pauvre homme : ſur quoi un des Eſpagnols, croyant qu'il
lui avoit coupé un bras, accourut pour
le prier de ne pas maſſacrer ce malheureux, & pour l'en empêcher par force s'il
étoit neceſſaire. Ce furieux là-deſſus ſe jetta
ſur l'Eſpagnol lui-même, en jurant qu'il le
tuëroit à la place du Sauvage ; mais l'autre
évita le coup, & avec une pelle qu'il avoit à
la main, car ils étoient tous occupez au la-
bourage, il terraſſa ce diable incarné. Un autre Anglois voyant ſon compagnon à terre ſe
rua ſur l'Eſpagnol, & le terraſſa à ſon tour.
Deux autres Eſpagnols vinrent à ſon ſecours,
& le troiſiéme Anglois ſe rangea du côté des
deux autres. Ils n'avoient point d'armes à feu,
ni les uns ni les autres, mais aſſez de haches,
& d'autres outils propres à s'aſſommer. Il eſt

vrai qu'un des Anglois avoit un fabre caché
fous fes habits, avec lequel il bleffa les deux
Efpagnols, qui étoient venus pour féconder
leurs compagnons. Là-deffus toute la Colonie fut en confufion, & les Anglois furent
faits prifonniers tous trois. On délibera d'a-
bord fur ce qu'on en feroit. Ils avoient déja
excité tant de troubles, ils étoient fi furieux,
fi defefperez, & de plus de fi grands faineans
qu'ils étoient pernitieux à cette petite focieté,
fans lui être en aucune maniere utiles ; d'ailleurs, c'étoient des traîtres & des perfides, à
qui le crime ne coûtoit rien du tout.

Le Gouverneur leur déclara ouvertement,
que s'ils étoient de fon païs, il les feroit
tous pendre fans quartier, puifque les Loix
de tous les Gouvernemens tendent à la confervation de la Société : & qu'il eft jufte d'en
ôter tous ceux qui tâchent à la détruire ; mais
qu'étant Anglois, il vouloit les traiter avec
la plus grande douceur, en confidération
d'un homme de leur Nation, à qui ils devoient tous la vie, & qu'il les abandonneroit
au jugement de leurs deux compatriotes.

Là-deffus un de ces derniers fe leva, &
pria qu'on les difpensât de cette commiffion,
puis qu'ils feroient obligez en confcience à
les condamner à être pendus. Enfuite, il
conta comment Guillaume Atkins leur avoit
fait la propofition de fe joindre tous cinq,
pour affaffiner les Efpagnols pendant leur
fommeil.

Le

Le Gouverneur entendant une entreprise si horrible, se tourna vers le scelerat qu'on venoit d'accuser : *Comment donc, Seigneur Atkins*, lui dit-il, *vous nous avez voulu assassiner tous tant que nous sommes? Qu'avez-vous à répondre à cela?* Ce malheureux étoit si éloigné de le nier, qu'il en convint effrontément en jurant qu'il étoit encore dans le même dessein.

Mais, Seigneur Atkins, reprit l'Espagnol, *qu'est ce que nous vous avons fait pour mériter un pareil traitement, & que gagneriez-vous en nous massacrant? Que faut-il que nous fassions pour vous en empêcher? Pourquoi faut-il que vous nous mettiez dans la nécessité ou de vous tuer, ou d'être tuez de vous? Vous avez grand tort de nous mettre dans cette cruelle situation.*

La maniere calme & douce, dont l'Espagnol prononça ces paroles, fit croire à Atkins qu'il se mocquoit de lui, sur quoi il se mit dans une telle fureur, que s'il avoit eu des armes, & s'il n'avoit pas été retenu par trois hommes, il est à croire qu'il auroit tué le Gouverneur au milieu de toute la Compagnie.

Cette rage inconcevable les obligea à considérer serieusement quel parti ils prendroient à l'égard de ces diables incarnez. Les deux Anglois & l'Espagnol qui avoit empêché la mort de l'Esclave, opinerent qu'il en faloit prendre un pour servir d'exemple aux autres;

tres ; & que ce devoit être celui , qui dans le
moment avoit voulu faire deux meurtres avec
sa hache. Il est effectivement aparent qu'il
avoit eu ce dessein là , car il avoit si cruelle-
ment blessé le pauvre sauvage , qu'on croyoit
impossible qu'il en réchapât.

Le Gouverneur néanmoins ne fut pas de
cet avis là , il repeta encore que c'étoit à un
Anglois, à qui ils étoient tous redevables de
la vie , & qu'il ne consentiroit pas à la mort
d'un seul , quand ils auroient massacré la
moitié de ses gens. Il ajoûta que s'il étoit as-
sassiné lui-même par un Anglois, il employe-
roit ses dernieres paroles à les prier de lui-fai-
re grace.

Il insista là dessus avec tant de force qu'il
fut inutile de l'en dissuader ; & comme d'ordinaire , l'opinion qui tend le plus vers la
clémence prévaut dans un Conseil, quand
elle est soutenuë avec vigueur , ils entrerent
tous dans le sentiment de cet honnête homme. Il faloit pourtant songer aux moyens
d'empêcher l'execution de la barbare entreprise des criminels, & de délivrer une fois
pour toutes cette petite Societé de ses apré-
hensions si bien fondées. On délibera là-
dessus avec beaucoup d'attention, & l'on
convint à la fin unanimement de ces Articles.

　» Qu'ils feroient desarmez, & qu'on ne
» leur permettroit pas d'avoir ni fusil, ni pou-
» dre, ni plomb, ni sabre , ni aucune chose
» capable de nuire.

» Qu'ils

Qu'ils seroient chassez pour toûjours de « la Société, permis à eux de vivre, où, & « de quelque maniere ils le trouveroient à pro « pos. «

Qu'il seroit défendu tant aux Espagnols, « qu'aux Anglois, de leur parler, ou d'avoir « le moindre commerce avec eux. «

Qu'ils se tiendroient toûjours à une cer- « taine distance du Château, & que s'ils com- « mettoient le moindre desordre dans la plan- « tation, le blé, ou le bétail, apartenant à la « Société, ils seroit permis de les tuer comme « des chiens, par tout où on les trouveroit. «

Le Gouverneur dont l'humanité étoit au-dessus de tout éloge, ayant refléchi sur le contenu de cette Sentence, se tourna du côté des deux Anglois, & les pria de considerer que ces malheureux ne pouvoient pas avoir d'abord du grain, & du bétail : que par conséquent il faloit leur donner quelques provisions, pour ne les pas réduire à mourir de faim. On en convint, & on résolut de leur donner suffisamment du blé, pour subsister pendant huit mois, & pour avoir dequoi semer, afin qu'ils en eussent après ce tems-là de leur propre cru. On y ajoûta six chevres, qui donnoient du lait, quatre boucs, & six chevreaux destinez en partie à leur nourriture, & en partie à servir de commencement à un troupeau, On y ajoûta encore tous les outils nécessaires, six haches, un maillet, & une scie, mais à condition qu'ils s'engageroient

pa1

par un ferment folemnel, à ne les employer
jamais contre leurs compatriotes, ou contre
les Efpagnols, & qu'ils ne fongeroient de leur
vie à leur caufer le moindre dommage.

C'eft ainfi qu'ils furent chaffez de la Societé, pour aller s'établir à part ; ils s'en allerent d'un air très mécontent, fans vouloir
prêter le ferment qu'on exigeoit d'eux avec
tant de juftice. Ils dirent qu'ils alloient chercher un endroit pour s'établir, & pour y
y faire une plantation, & on leur donna
quelque peu de vivres, mais point d'armes ni
d'outils.

Quatre ou cinq jours après ils revinrent
de nouveau pour chercher des provifions, &
ils indiquerent au Gouverneur l'endroit qu'ils
avoient marqué pour y demeurer, & pour
y planter. C'étoit un lieu fort convenable
dans l'endroit le plus éloigné de l'Ifle du côté
du Nord-Eft, peu éloigné de la côte où j'é-
tois abordé dans mon premier voyage, après
avoir été emporté par les courans en pleine
mer.

C'eft-là, qu'ils fe bâtirent deux jolies cabanes fur le modéle de mon Château, au
pied d'une colline déja environnée de quelques arbres de trois côtez ; de maniere qu'en
y en plantant un petit nombre d'autres, ils
fe mettoient entierement à couvert, à moins
qu'on ne les cherchât avec beaucoup de foin.
Ils leur demanderent quelques peaux de Chevres pour leur fervir de lits & de couvertures,

&

& elles leur furent données. Etant alors d'une humeur plus pacifique, ils s'engagerent solemnellement à ne rien entreprendre contre la Colonie, & à cette condicion, on leur donna tous les outils dont on pouvoit se passer. On y ajoûta des pois, du millet & du ris, pour semer; en un mot, tout ce dont ils pouvoient avoir besoin, excepté seulement des armes & des munitions.

Ils vécurent dans cet état environ six mois, & ils firent leur moisson, qui étoit peu considérable, parce qu'ayant tant d'autres choses à faire, ils n'avoient eu le loisir que de défricher un fort petit terrain.

Quand ils se mirent à faire des planches & des pots, ils furent terriblement embarassez, & ils ne firent rien qui vaille. Ce fut une nouvelle peine pour eux, quand la saison pluvieuse vint, n'ayant point de cave, pour mettre leur grain à couvert, & pour le tenir sec, ce qui faillit à le gâter absolument. Cet inconvénient les humilia assez pour leur faire demander le secours des Espagnols, qui le leur accordérent très volontiers. Dans l'espace de quatre jours ils en creuserent une dans un des côtez de la colline, suffisamment grande pour mettre leur grain & leurs autres provisions à l'abri de la pluye, mais c'étoit peu de chose comparée à la mienne; sur tout dans l'état où elle fut, lorsque les Espagnols l'eurent élargie considérablement, & qu'ils y eurent ajoûté plusieurs apartemens.

En-

R. F.

Environ neuf mois après cette séparation, il prit un nouveau rat à ces coquins, dont les suites jointes à celles de leurs crimes passez, les mirent dans un grand danger, aussi bien que toute la Colonie. Fatiguez de leur vie laborieuse, sans voir le moindre jour d'une plus heureuse situation pour l'avenir, ils se mirent en tête de faire un voyage dans le Continent, d'où les Sauvages étoient venus, pour essayer de faire quelques prisonniers propres à les décharger du travail le plus rude.

Ce projet n'étoit pas si mauvais s'ils s'y étoient pris avec modération, mais ces malheureux ne faisoient rien, sans qu'il y eût quelque crime, ou dans le projet ou dans l'execution. A mon avis, ils étoient sous une espece de malediction du Ciel, qui pour les les punir de leurs crimes leur en laissoit faire de nouveaux, dont il les châtioit par de nouvelles catastrophes. Du moins, mon sentiment est, que si l'on ne veut pas admettre, que des crimes visibles s'attirent dans ce monde des châtimens visibles, il est difficile d'accorder ce qui arrive dans le monde avec la Justice Divine. Dans l'occasion, dont il s'agit ici, la chose parut évidemment ; leur criminelle mutinerie les engagea dans leurs autres forfaits, & les réduisit dans le triste état, où ils se trouverent dans la suite. Au lieu d'avoir quelques remords du premier crime, ils y en ajoûterent d'autres, comme par exemple, la monstrueuse cruauté de bles-

ser

ſer un pauvre eſclave, qui peut-être n'avoit pas fait ce qu'on lui avoit ordonné, parce que la choſe lui étoit impoſſible, & de le bleſſer d'une maniere à l'eſtropier pour toute ſa vie. Je laiſſe là l'intention de le tuer, dont il eſt difficile de douter, quand on conſidére leur affreux projet de tuer de ſang froid tous les Eſpagnols, pendant qu'ils ſeroient endormis.

Pour reprendre le fil de mon Hiſtoire, nos trois compagnons en ſcelerateſſe, vinrent un matin à mon Château, en demandant avec beaucoup d'humilité qu'il leur fût permis de parler aux Eſpagnols. Ceux-ci le voulant bien, les trois Anglois leur dirent qu'ils étoient fatiguez de leur maniere de vivre, qu'ils n'étoient pas aſſez adroits pour faire les choſes qui leur étoient néceſſaires, & que n'ayant aucun ſecours pour en venir à bout, ils mourroient de faim indubitablement. Que ſi les Eſpagnols leur vouloient permettre de prendre un des Canots qui avoient ſervi à les tranſporter & leur donner des armes & des munitions pour pouvoir ſe défendre, ils iroient chercher fortune dans le Continent, & qu'ainſi ils les délivreroient de l'embaras de leur fournir des proviſions.

Les Eſpagnols n'auroient pas été fâchez d'en être défaits, mais ils ne laiſſérent pas de leur repréſenter charitablement, qu'ils alloient ſe perdre de propos déliberé, & qu'ils ſçavoient par leur propre expérience,

I 2 ſans

fans avoir befoin d'un efprit de Prophetie,
qu'ils devoient s'attendre à mourir de pure
mifere dans le Continent.

Ils répondirent d'une manière déterminée,
qu'ils périroient tout de même dans l'Ifle,
car ils ne pouvoient ni ne vouloient travailler, & que s'ils avoient le malheur d'être
maffacrez, ils mettroient par là fin à toutes
leurs miferes ; que dans le fond ils n'avoient
ni femmes ni enfans qui perdiffent quelque
chofe par leur mort, en un mot qu'ils étoient
réfolus d'aller, quand on leur refuferoit des
armes.

Les Efpagnols leur repliquerent avec beaucoup d'honnêteté, que s'ils vouloient fuivre
ce deffein abfolument, ils ne permettroient
pas qu'ils le fiffent fans avoir dequoi fe défendre, & que malgré la difette d'armes à
feu où ils étoient eux-mêmes, ils leur donne-
roient deux moufquets, un piftolet, un fabre & trois haches, ce qui étoit tout ce qu'il
leur faloit.

Mes trois avanturiers accepterent l'offre.
On leur donna du pain pour plus d'un mois,
autant de chevreau frais qu'ils en pouvoient
manger, pendant qu'il feroit bon, un grand
panier plein de raifins fecs, un pot rempli
d'eau fraîche, & un jeune chevreau en vie.
Avec ces provifions ils fe mirent hardiment
en mer dans un canot, quoique le paffage fût
du moins large de quarante milles Anglois.

Il eft vrai que la barque étoit affez grande
pour

pour porter une vingtaine de gens, & par
conséquent qu'elle étoit plûtôt embaraſſante
dans cette occaſion, que trop petite ; mais
comme ils avoient un vent frais & la marée
favorable, ils la manierent aſſez bien. Ils y
avoient mis en guiſe de mâts une grande perche, avec une voile de quatre peaux de chévre ſechées, & couſues enſemble. De cette
maniere-là ils quitterent le rivage de fort bonne grace, & les Eſpagnols leur ſouhaiterent
un bon voyage ſans s'attendre à les revoir jamais.

Ceux qui étoient reſtez dans l'Iſle, auſſi-
bien Angloisqu'Eſpagnols, ne pouvoient s'empêcher de ſe féliciter de tems en tems de la
maniere paiſible dont ils vivoient enſemble,
depuis que ces gens intraitables s'en étoient
allez, & leur retour étoit la choſe du monde
où ils s'attendoient le moins, quand après
une abſence de vingt-deux jours un des Anglois s'occupant dans ſa plantation, aperçût
tout d'un coup trois Etrangers avançant de
leur côté avec des armes à feu.

D'abord l'Anglois ſe mit à fuïr comme le
vent, & tout effrayé il fut dire au Gouverneur
Eſpagnol que ç'en étoit fait d'eux, & qu'il
y avoit des étrangers qui étoient débarquez
dans l'Iſle, ſans qu'il put dire quelles gens
c'étoient. L'Eſpagnol, après avoir refléchi
pendant quelques momens, lui demanda ce
qu'il vouloit dire par-là : *qu'il ne ſçavoit pas
quelles gens c'étoient,* & que ce devoient être

I 3   aſſu-

aſſurément des Sauvages. *Non , non* , répondit l'Anglois , *ce ſont des gens habillez , avec*
des armes à feu. » Eh bien , *dit l'Eſpagnol,*
» de quoi vous troublez-vous donc , ſi ce ne
» ſont pas des Sauvages ? Ils ſont donc nos
» amis, car il n'y a point de nation Chrétien-
» ne au monde , qui ne ſoit plûtôt portée à
» nous faire du bien que du mal. «

Pendant qu'ils étoient dans cette converſation , voilà les Anglois qui ſe tenant derriere
les arbres nouvellement plantez , ſe mettent
à crier de toutes leurs forces. On reconnut
d'abord leurs voix, & la premiere ſurpriſe fit
auſſi-tôt place à une autre. Je veux dire
qu'on commença à s'étonner d'un ſi prompt
retour , dont il étoit impoſſible de deviner la
cauſe.

Avant que de les faire entrer , on trouva
bon de les queſtionner ſur l'endroit où ils
avoient été, & ſur ce qu'ils y avoient fait. Ils
répondirent en peu de mots, qu'ils avoient fait
le paſſage en deux jours de tems, mais que
voyant le Peuple alarmé de les voir , & ſe
préparant à les recevoir à coups de fléches &
de javelots , ils n'avoient pas oſé mettre pied
à terre, qu'ils avoient razé les côtes du côté
du Nord, l'eſpace de ſix ou ſept lieuës, &
qu'ils s'étoient aperçûs que ce que nous pre-
nions pour le Continent, étoit une Iſle :
Que bien-tôt après ils avoient découvert
une autre Iſle à la main droite du côté du
Nord , & beaucoup d'autres du côté de
l'Oüeſt :

l'Oüest : & qu'étant résolus d'aller à terre à quelque prix que ce fut, ils étoient passez du côté d'une de ces Isles Occidentales, & y avoient débarqué hardiment. Qu'ils avoient trouvé le peuple fort honnête & fort sociable, & qu'ils en avoient reçû plusieurs racines, & quelque poisson sec, les femmes paroissant disputer aux hommes le plaisir de leur fournir des vivres, qu'elles étoient obligées de porter sur leurs têtes, pendant un assez long chemin.

Ils resterent là quatre jours, & demanderent par signes du mieux qu'ils purent, quelles Nations il y avoit-là aux environs. On leur fit entendre que c'étoient des peuples cruels habituez à manger les hommes, mais que pour cette Nation-là elle ne mangeoit ni hommes ni femmes, excepté les prisonniers de guerre, dont la chair leur fournissoit un Festin de Triomphe.

Les Anglois leur demanderent de la même maniere quand ils avoient eu un pareil Festin. Ils firent comprendre qu'il y avoit deux mois, en tendant la main du côté de la Lune, & montrant deux de leurs doigts. Ils y ajoûterent que leur grand Roi avoit deux cens prisonniers, qu'il avoit fait dans une bataille, & qu'on les engraissoit pour le festin prochain. Les Anglois parurent là dessus fort curieux de voir ces prisonniers, mais les Sauvages les entendant mal, s'imaginerent qu'ils souhaitoient d'en avoir quelques-uns pour les manger, & montrant du doigt le

I 4 Cou-

Couchant & enfuite l'Orient, ils leur firent
entendre qu'ils leur en aporteroient le lendemain.

Ils tinrent leur parole, & leur amenerent
effectiment cinq femmes & onze hommes,
dont ils leur firent prefent, de la même maniere que nous amenons vers quelque Port de
mer des bœufs & des vaches pour avitailler
un Vaiffeau.

Quoique mes fcelerats euffent donné dans
nôtre Ifle les plus grandes marques de barbarie, l'idée feule de manger ces prifonniers
leur fit tourner le cœur, & ils ne fçavoient de
quelle maniere fe conduire dans cette occafion. Ils ne fçavoient que faire de ces pauvres
gens, & pourtant refufer un prefent de cette
valeur, auroit été faire un cruel affront à cette Nobleffe Sauvage. Ils fe déterminerent à la
fin à l'accepter, & donnerent en récompen-
fe à ceux qui les en avoient gracieufé, une
de leurs haches, une vieille clef, un couteau,
& cinq ou fix balles du fufil, qui leur plai-
foient fort quoi qu'ils en ignoraffent l'ufage.
Enfuite liant les pauvres captifs les mains derriere le dos, les Sauvages eux-mêmes les por-
terent dans le canot.

Les Anglois furent obligez de quitter le
rivage dans le moment même, de peur que
s'ils avoient refté à terre, la bienféance ne les
eût forcez à tuer quelques-uns de ces pauvres
gens, à les mettre à la broche, & à prier de
dîner ceux qui avoient eu la générofité de les
pourvoir de cette belle Provifion.   De

De cette manière ayant pris congé des gens de l'Ifle, avec toutes les marques de reconnoiffance, & avec tous les complimens qu'il eft poffible de faire par fignes, ils remirent en mer & s'en retournerent vers la premiere Ifle, où ils donnerent la liberté à huit de leurs prifonniers, trouvant le nombre qu'ils en avoient trop grand, pour ne leur être pas à charge.

Pendant le voyage ils firent de leur mieux pour lier quelque commerce avec leurs Sauvages, mais il leur fut impoffible de leur faire comprendre quelque chofe. Ces gens s'étoient fi fortement mis dant l'efprit, qu'ils alloient bien-tôt fervir de pâture à leurs poffeffeurs, que cette prévention leur fit croire que tout ce qu'on leur difoit, tout ce qu'on faifoit pour les encourager, tout ce qu'on leur donnoit, tendoit uniquement à ce trifte but.

On commença d'abord par les délier, ce qui leur fit pouffer des cris terribles, fur tout aux femmes, comme fi elles avoient déja le couteau fur la gorge. Car à s'en raporter aux coûtumes de leur Païs, ils ne pouvoient qu'en conclure, qu'on les alloit égorger dans le moment.

Leurs apréhenfions n'étoient gueres moindres, quand on leur donnoit à manger. Ils s'imaginoient que c'étoit dans le deffein de conferver leur embonpoint pour les manger avec plus de volupté. Si les Anglois fixoient les yeux particulierement fur quelqu'une de ces

ces miſerables créatures, l'objet de ſes regards en inferoit tout auſſi-tôt qu'on le trouvoit le plus gras & le plus propre à être mis en piéces le premier. Lors même qu'ils furent arrivez à nôtre Iſle, & qu'on les traitoit avec beaucoup de douceur, ils s'attendoient tous les jours, pendant quelque-tems, à ſervir de dîner, ou de ſouper à leurs maîtres.

Lorſque les trois Avanturiers eurent fini le merveilleux Journal de leur voyage, le Gouverneur leur demanda, où étoient leur nouveaux Domeſtiques ? & ayant apris qu'ils les avoient amenez dans une de leurs cabanes, & qu'ils venoient exprès pour demander des vivres pour eux, il réſolut de s'y tranſporter avec tous les Eſpagnols, & les deux Anglois honnêtes gens, en un mot avec toute la Colonie, ſans oublier le Pere de *Vendredi*.

Ils les trouverent dans la hutte tous liez; car leurs maîtres avoient jugé néceſſaire de ſe ſervir de cette précaution, pour que pendant leur abſence ils ne priſſent le parti de ſe ſauver avec le Canot. Ils étoient aſſis à terre tous nuds comme la main. Il y avoit trois hommes âgez d'environ trente à trente-cinq ans, tous bien tournez, & ayant la mine d'être adroits, & robuſtes. Le reſte conſiſtoit en cinq femmes, parmi leſquelles il y en avoit deux de trente ou quarante ans, deux de vingt-cinq ou vingt-ſix, & une grande fille bien faite de ſeize ou dix ſept ans, elles étoient toutes fort bien proportionnées pour la taille,

&

& pour les traits, mais d'une couleur un peu
tanée; mais il y en avoit deux, qui, si elles
avoient été parfaitement blanches, auroient
pû passer pour de belles femmes à Londres
même; elles avoient quelque chose d'extrêmement gracieux dans l'air du visage, & toute leur contenance étoit fort modeste, ce qui
fut sur tout remarquable après qu'on les eût
habillées, quoique dans le fond leurs habits
ne furent gueres propres à relever les agré-
mens du beau sexe.

La vûë de toutes ces nuditez parut pécher
extrêmement contre la bienséance, particulierement aux Espagnols, qui outre leur modération, leur intégrité & la douceur de leur
naturel, se distinguoient encore par leur modestie; d'ailleurs ils en avoient toute la pitié
possible, les voyant dans la plus triste situation, & dans la plus mortelle inquiétude
qu'on puisse s'imaginer, puis qu'ils s'attendoient à chaque moment à être traînez hors
de la Cabane pour être assommez, & pour
servir d'un mets délicat à leurs maîtres.

Pour tâcher à les tranquiliser, ils ordon-
nerent au vieux Sauvage Pere de *Vendredi*
d'aller voir s'il en connoissoit quelqu'un, &
s'il entendoit quelque chose de leur langage.
Le bon homme le fit, les regarda fort attentivement, mais n'en reconnut pas un seul. Il
avoit beau leur parler, personne ne comprit
rien à ses paroles & à ses signes, excepté une
des femmes.

C'en

C'en étoit affez pour répondre au but des
Efpagnols, & pour affurer ces pauvres gens
que leurs maîtres étoient Chrétiens, qu'ils
avoient en horreur les feftins de chair humaine, & qu'ils pouvoient être fûrs qu'on ne les
égorgeroit pas.

Dès qu'ils en furent inftruits, ils mar-
querent une joye extraordinaire par mille
poftures comiques toutes differentes, ce qui
faifoit voir qu'ils étoient de differentes Nations.

La femme qui faifoit l'office d'interprete
eut ordre de leur demander s'ils vouloient
bien être efclaves, & travailler pour les hommes qui les avoient amenez pour leur fauver
la vie ; furquoi ils fe mirent tous à danfer, &
à prendre l'une une chofe, l'autre une autre,
& à les porter par la Cabane ; pour marquer
qu'ils étoient prêts à rendre à leurs maîtres
toutes fortes de fervices.

Le Gouverneur craignant que ces femmes
ne donnaffent occafion à de nouvelles querelles, & peut-être à quelque effufion de
fang, demanda aux trois Anglois ce qu'ils
avoient réfolu de faire de ces perfonnes, &
s'ils avoient intention de les employer comme fervantes ou comme femmes ; *l'un &*
l'autre, répondit un de ces drôles hardiment
& promptement. » Je ne prétends pas vous
» en empêcher répartit l'Efpagnol, vous en
» êtes les maîtres ; mais je croi qu'il eft jufte,
» pour éviter des défordres, que vous n'en
» pre

pteniez chacun qu'une feule, & que vous «
vous y teniez fans avoir aucun commerce «
avec les autres. Je fçais bien que je ne fuis «
pas qualifié pour vous marier légitime- «
ment, mais il me paroît raifonnable que «
pendant que vous ferez ici, vous viviez avec «
la femme qui vous fera tombée en partage «
comme fi elle étoit réellement vôtre époufe, «
& que vous la mainteniez comme telle, en «
l'empêchant de fon côté d'avoir aucun com- «
merce fcandaleux avec tout autre homme. «
Cette propofition leur parut à tous fi jufte &
fi équitable qu'ils l'accepterent fans la moindre difficulté.

Les trois Anglois fe trouverent même d'u-
ne humeur affez douce alors, pour demander
aux Efpagnols s'ils n'avoient pas envie d'en
prendre quelques-unes pour eux. Ils répondirent tous que non. Les uns dirent qu'ils
avoient des femmes en Efpagne, & les autres
qu'ils n'avoient pas envie de fe joindre à des
femmes, qui n'étoient pas Chrétiennes ; en
un mot, ils déclarerent tous qu'ils avoient la
confcience trop délicate pour avoir le moindre commerce avec elles ; Ce qui eft un
exemple d'une vertu fi rigide, que je n'en ai
pas rencontré un pareil dans tous mes voyages.

Pour faire court, les cinq Anglois convinrent d'en prendre chacun une, & ainfi ils
prirent une maniere de vivre toute nouvelle.
Les Efpagnols & le Pere de *Vendredi* conti-
nue

nuerent à demeurer dans ma vieille habitation, qu'ils avoient élargie confidérablement
en dedans. Ils avoient avec eux les trois efclaves, qui avoient été pris, lorfque les Sauvages s'étoient donné bataille ; C'étoit là, pour
ainfi dire, la Capitale de la Colonie, dont les
autres tiroient des vivres, & toutes fortes de
fecours, felon que la néceffité l'exigeoit.

Peut être n'y a-t'il rien de plus merveilleux
dans toute cette hiftoire, que la facilité avec
laquelle fe fit le choix des femmes dont j'ai
parlé, parmi ces cinq compagnons prefque
tous également infolens, & difficiles à gou-
verner. Il eft étonnant fur tout qu'il n'arriva
pas que deux s'attachaffent à la même perfonne, puis qu'il y en avoit deux infiniment
plus aimables que les autres. Il eft vrai qu'ils
trouverent un affez bon biais pour éviter les
querelles, car ayant mis les cinq femmes enfemble dans une des hutes, ils s'en furent
tous dans l'autre, & tirerent au fort à qui
choifiroit le premier.

Ce qu'il y a encore de plus particulier,
c'eft que celui à qui il échut de choifir avant
tous les autres, étant entré dans la cabane,
où fe trouvoient les pauvres créatures toutes
nuës, il prit celle qui paffoit avec raifon pour
la moins agréable de toutes, puis qu'elle étoit
la plus laide, & la plus vieille, ce qui excita
de grands éclats de rire parmi les quatre autres, auffi bien que parmi les Efpagnols. Mais
le drole raifonnoit mieux qu'eux tous, &
com-

comprit que dans ce choix il ne faloit pas feulement avoir égard à l'agrément, mais encore au fecours qu'ils pouvoient tirer de leurs femmes dans l'œconomie de leurs affaires; & effectivement le fuccès le juftifia, & fa femme fit voir qu'elle étoit la meilleure, & la plus utile de toute la troupe.

L'affaire n'étoit pas tout à fait auffi divertiffante pour les pauvres prifonnieres; car lors qu'elles fe virent de cette maniere toutes enfemble, & qu'on les venoit chercher une à une, leurs vieilles frayeurs fe renouvellerent avec plus de force, & elles crurent fermement que le moment d'être devorées étoit venu alors. Conformément à cette terrible prévention, lors que le premier Matelot entra pour emmener la plus vieille, les autres poufferent les cris les plus lamentables, & environnerent leur pauvre compagne pour l'embraffer, & pour prendre congé d'elle. Elles le firent avec de fi grands tranfports de douleur, qu'elles auroient touché le cœur le plus dur, & il fut impoffible aux Anglois de les tirer de l'opinion qu'on les alloit tuer fans délai, jufqu'à ce qu'on eût fait venir le Pere de *Vendredi*, qui leur aprit que les cinq hommes avoient volonté d'en prendre chacun une pour en faire fa femme.

Lorfque cette ceremonie fut faite, & que la frayeur des nouvelles mariées fut un peu apaifée; les Anglois fe mirent à travailler, & aidez par les Efpagnols ils bâtirent en peu d'heud'heures cinq nouvelles cabanes pour y loger, les autres étant, pour ainfi dire, toutes remplies de leurs meubles, de leurs outils, & de leurs provifions. Les trois vauriens avoient choifi l'endroit le plus éloigné, & les deux autres le plus voifin de mon Château, mais les uns & les autres vers le Nord de l'Ifle ; de maniere qu'ils continuerent à faire bande à part, & qu'il y avoit dans mon Ifle le commencement de trois villes différentes.

Pour remarquer ici combien il eft difficile aux hommes de pénétrer les fecrets de la Providence Divine, il arriva juftement que les deux honnêtes gens eurent en partage les femmes qui avoient le moins de mérite ; Au lieu que les trois fcélérats, qui n'étoient bons à rien, incapables de faire du bien aux autres, & à eux-mêmes ; en un mot, qui ne valoient prefque pas la peine d'être pendus, tomberent fur des femmes adroites, diligentes, induftrieufes, & parfaitement bonnes ménageres : je ne veux pas dire par là que les autres fuffent d'un mauvais naturel ; elles étoient toutes cinq également douces, patientes, tranquilles, & foumifes, plûtôt comme efclaves, que comme femmes. Je veux feulement faire entendre que les deux dont il s'agit ici, étoient moins habiles que les autres, moins laborieufes, & moins propres.

Je dois faire ici encore une remarque à l'honneur d'un efprit apliqué, & à la honte d'un naturel pareffeux & négligent ; lorfque
j'al-

j'allai voir les différentes plantations, & la
maniere dont chaque petite Colonie les mé-
nageoit, je trouvai que celle des Anglois
honnêtes gens furpaffoit tellement celle des
trois vauriens, qu'il n'y avoit pas la moindre
comparaifon à faire. Il eft vrai que les uns
& les autres avoient cultivé autant de terre
qu'il étoit néceffaire pour y femer du blé fuffifamment, & que la raifon & la nature n'en
demandent pas davantage, mais d'ailleurs
rien n'étoit plus aifé que de remarquer une
très-grande différence dans la maniere dont
chaque petite Colonie s'étoit prife, pour prendre les terres fertiles, & pour les enclorrer
dans des enclos.

Les deux honnêtes gens avoient planté autour de leur cabane une quantité prodigieufe
d'arbres, qui la rendoit inacceffible, & qui
en cachoit la vûë, & quoique leur plantation
eût été deux fois ruïnée, la premiere fois par
leurs propres compatriotes, & la feconde par
les Sauvages, comme on va voir, tout étoit
rétabli déja & auffi floriffant que jamais.
Leurs vignes étoient arrangées, comme fi elles étoient nées dans les païs où elles font d'ordinaire, & les raifins en étoient auffi bons
qu'aucuns de l'Ifle, quoique leurs vignes
fuffent beaucoup plus jeunes que celles des autres, pour les raifons que je viens d'alléguer.
De plus ils s'étoient fait une retraite dans le
plus épais du bois, où par un travail affidu
ils s'étoient creufé une cave, qui leur fervit

extrêmement dans la fuite pour y cacher leur famille, quand ils furent attaquez par les Barbares. Ils avoient planté tout autour un fi grand nombre d'arbres, qu'elle étoit inacceffible, finon par de petits chemins, qu'ils étoient feuls capables de trouver.

Pour les trois vauriens, quoique leur nouvel établiffement les eût fort civilifez, en comparaifon de leur brutalité paffée, & qu'ils ne donnaffent plus de fi fortes marques de leur humeur mutine & querelleufe, il leur reftoit toûjours un des caracteres d'un cœur vicieux, je veux dire la pareffe. Il eft vrai qu'ils avoient femé du blé, & qu'ils avoient fait des enclos, mais ils avoient parfaitement vérifié ces paroles des Salomon, *je paffai devant la vigne du pareffeux, & elle étoit toute couverte d'épines*. Quand les Efpagnols vinrent pour voir la moiffon de ces trois Anglois, ils ne la pûrent découvrir qu'à peine à travers les mauvaifes herbes. Il y avoit dans leur haye plufieurs trous, que les boucs fauvages y avoient faits pour manger les épics, & quoi qu'ils les euffent bouchez tellement quellement, cela s'apelloit *fermer l'Ecurie après que le Cheval a été volé.*

La plantation des autres deux au contraire avoit par tout un air d'aplication & de fuccès. On ne découvroit pas une mauvaife herbe entre leurs épics, ni la moindre ouverture dans leur haye. Ils vérifioient cet autre paffage de Salomon : *La main diligente enrichit ;*

tout

tout germoit, tout croiſſoit chez eux, ils joüiſ-
ſoient d'une pleine abondance. Ils avoient
plus de bétail que les autres, plus de meubles,
plus d'utenciles, & en même tems plus de
moyens de ſe divertir.

Il eſt vrai que les femmes des trois premiers
étoient très propres, très adroites, qu'elles
ménageoient parfaitement tout ce qui regardoit l'œconomie intérieure, & qu'ayant a pris
la maniere Angloiſe de faire la Cuiſine, d'un
des deux autres Anglois qui avoit été ſecond
Cuiſinier du Vaiſſeau, elles donnoient fort
proprement à manger à leurs maris, au lieu
qu'il avoit été impoſſible d'y dreſſer les deux
autres femmes; mais en récompenſe, le ſecond Cuiſinier s'en acquitoit très bien lui-
même, ſans négliger aucune de ſes autres oc-
cupations. Celle des autres trois n'étoit que
d'aller roder par toute l'Iſle, de chercher des
œufs de Tourterelles, de pêcher, & de chaſ-
ſer; en un mot ils s'occupoient à tout, excepté à ce qui étoit néceſſaire. En récompenſe,
ils vivoient comme des Gueux, au lieu que la
maniere de vivre des autres étoit agréable,
& aiſée.

J'en viens à preſent à une Scene tragique
différente de tout ce qui étoit arrivé auparavant à la Colonie, & à moi-même; en voici
le recit fidele, & circonſtancié.

Il arriva un jour de fort bon matin, que
cinq ou ſix Canots pleins de Sauvages abor-
derent, ſans doute dans la vûë ordinaire de

faire

faire quelque festin. Cet accident étoit devenu si familier à la Colonie qu'elle ne s'en mettoit plus en peine, & qu'elle ne songeoit qu'à
se tenir cachée, persuadée que si elle n'étoit
pas découverte par les Sauvages, ils se rem-
barqueroient dès qu'ils auroient mangé leurs
provisions, puis qu'ils n'avoient pas la moindre idée des habitans de l'Isle. Celui qui avoit
fait une pareille découverte, se contentoit
d'en donner avis à toutes les différentes plantations, afin qu'on se tint clos & couvert, en
plaçant seulement une sentinelle pour les
avertir du rembarquement des Sauvages.

Ces mesures étoient justes sans doute ;
mais un desastre imprévu les rendit inutiles &
faillit être la ruïne de toute la Colonie, en la
découvrant aux Barbares. Dès que les Canots
des Sauvages eurent remis en mer, les Espagnols sortirent de leurs niches, & quelques-
uns d'entr'eux eurent la curiosité d'aller examiner le lieu du Festin. A leur grand étonnement ils y trouverent trois Sauvages étendus à terre, & ensevelis dans un profond
sommeil ; aparemment ils s'étoient tellement
remplis de leurs mets horribles, qu'ils s'é-
toient mis à dormir comme des bêtes, sans
vouloir se lever lorsque leurs compagnons
avoient été prêts à partir. Ou bien ils s'é-
toient peut-être égarez dans les bois, & ils
n'étoient pas venus assez à tems pour se rembarquer avec les autres.

Quoi qu'il en soit, les Espagnols en étoient
fort

fort embaraſſez, & le Gouverneur conſulté
ſur cet accident étoit tout auſſi embaraſſé que
les autres. Ils avoient des Eſclaves autant
qu'il leur en faloit, & ils n'étoient pas d'humeur à tuer ceux-ci de ſang froid. Les pauvres gens ne leur avoient pas fait le moindre
tort, & ils n'avoient aucun ſujet de guerre
légitime contr'eux, qui pût les autoriſer à les
traiter en Ennemis.

Je dois rendre ici cette juſtice à ces Eſpagnols, que malgré tout ce qu'on raconte des
cruautez, que cette Nation a exercées dans
le Mexique, & dans le Perou, je n'ai de ma
vie vû dans aucun païs dix-ſept hommes, de
quelque Nation que ce fut, ſi modeſtes, ſi
modérez, ſi vertueux, ſi civils, & d'un ſi
bon naturel. Ils n'étoient pas ſuſceptibles de
la moindre inhumanité, ni d'aucune paſſion
violente ; & cependant ils avoient tous une
valeur extraordinaire & une noble fierté.

La douceur de leur temperamment, & la
force qu'ils avoient ſur leurs paſſions avoient
ſuffiſamment paru dans la maniere dont ils
s'étoient conduits avec les trois Anglois, &
dans ce cas ci ils donnérent la plus belle preuve imaginable, de leur humanité & de leur
juſtice.

Le parti le plus naturel, qu'il y avoit à
prendre, c'étoit de ſe retirer, & de donner
par-là le tems à ces Indiens de s'éveiller & de
ſortir de l'Iſle, mais une circonſtance rendoit
ce parti inutile. Ces pauvres gens n'avoient
poinc

point de barque, & s'ils fe mettoient à roder
par l'Ifle, ils pouvoient découvrir les plantations, & par-là caufer la ruïne de la Colonie.

Là-deffus voyant que ces malheureux Sauvages continuoient toûjours à dormir, ils
réfolurent de les éveiller, & de les faire prifonniers. Ces pauvres gens furent extrêmement furpris quand ils fe virent faifis, &
liez, & ils furent agitez d'abord par les mêmes craintes, qu'on avoit remarquées dans
les femmes de nos Anglois ; car il femble que
ces peuples s'imaginent que leur coûtume de
manger les hommes eft généralement répanduë par toutes les Nations. Mais on les déli-
vra bien-tôt de ces frayeurs, & on les mena dans le moment même à une des Plantations.

Par bonheur on ne les conduifit pas à mon
Château ; ils furent d'abord menez à ma maifon de campagne qui étoit la ferme principa-
le, & enfuite on les tranfporta à l'habitation
des deux Anglois.

Là on les fit travailler, quoi qu'ils n'euffent pas grand chofe à faire pour eux, & n'y
prenant pas garde de près, parce qu'ils n'en
avoient gueres befoin, où qu'ils les trouvoient incapables de bien aprendre le labou-
rage, ils s'aperçurent un jour, qu'un des
trois s'étoit échapé ; & quelque recherche,
qu'on en fit, on n'en entendit plus parler
dans la fuite.

Tout ce qu'ils purent croire quelque-tems
après,

après, c'eſt qu'il avoit trouvé le moyen de revenir chez lui avec les canots de quelques Sauvages, qui par les motifs accoûtumez avoient fait deux mois après quelque ſéjour dans l'Iſle.

Cette penſée les effraya extrêmement; ils en conclurent avec beaucoup de raiſon, que ſi ce drôle revenoit parmi ſes compatriotes, il ne manqueroit pas de les informer des gens qui habitoient l'Iſle, & de leur petit nombre. Par bonheur il n'avoit jamais été inſtruit du nombre des habitans, & de leurs differentes plantations. Il n'avoit jamais vû ni entendu l'effet de leurs armes à feu, & ils n'avoient eu garde de lui découvrir aucune de leurs retraites, telle que ma Grotte dans la vallée, & la cave que les deux Anglois s'étoient creuſée eux-mêmes.

La premiere certitude qu'ils eurent de n'avoir que trop bien conjecturé, c'eſt que deux mois après ſix canots remplis chacun de ſept, huit ou dix Sauvages, vinrent razer la côte Septentrionale de l'Iſle, où ils n'étoient jamais venus auparavant, & qu'ils y débarquerent une heures après le lever du Soleil, à un mille de diſtance de l'habitation des deux Anglois où avoit demeuré l'Eſclave en queſtion.

Si toute la Colonie s'étoit trouvée de ce côté-là, le mal n'auroit pas été grand, & ſelon toutes les aparences aucun des ennemis n'auroit échapé. Mais il n'étoit pas poſſible

à

à deux hommes d'en repouſſer une cinquantaine, & de les combattre avec ſuccès.

Les deux Anglois les avoient découverts
en mer à une lieuë de diſtance, & par conſé-
quent il ſe paſſa une groſſe heure avant qu'ils
fuſſent à terre, & comme ils avoient débarqué à un mille de leur habitation, il leur faloit du tems pour venir juſques-là. Nos pauvres Anglois, ayant toute la raiſon imaginable de ſe croire trahis par leur eſclave fugitif,
prirent d'abord le parti de garotter les deux
qui leur reſtoient, & d'ordonner à deux des
trois autres, qui avoient été emmenez avec
les femmes, & qui avoient donné à leurs
maîtres des marques de leur fidelité, de conduire dans la cave ſuſdite, les deux nouveaux
venus avec les femmes, & tous les meubles dont ils pouvoient ſe charger. Ils leur
commanderent encore de tenir là ces deux
Sauvages pieds & poings liez juſqu'à nouvel
ordre.

Enſuite voyant tous les Sauvages débarquez venir droit du côté de leurs huttes, ils
ouvrirent leur enclos, où leurs chévres apri-
voiſées étoient gardées : ils les chaſſerent
toutes dans les bois auſſi bien que les chevreaux, afin que les ennemis s'imaginaſſent
qu'ils avoient été toûjours ſauvages. Mais
l'eſclave qui étoit leur guide les avoit trop
bien inſtruits pour en être les dupes. Car ils
continuerent leur marche directement vers
la demeure des deux Anglois.

Aprè

Après qu'ils eurent mis de cette maniere
en sûreté leurs femmes , & leurs utensiles, ils
envoyèrent le troisiéme esclave , qui étoit venu dans l'Isle avec les femmes , vers les Espagnols, pour les aller avertir au plus vîte du
danger qui les menaçoit,& pour leur demander un prompt secours. En même-tems ils
prirent leurs armes & leurs munitions, & se
retirerent dans le même bois , où étoit la cave qui servoit d'azile à leurs femmes. Ils s'arrêterent à quelque distance de-là , pour voir
s'il étoit possible , le chemin que prendroient
les Sauvages.

Au milieu de leur retraite ils virent d'un
petit tertre élevé toute la petite armée de
leurs ennemis aprocher de leurs cabanes , &
un moment après , ils les virent devorées des
flammes de tous côtez , ce qui leur donna la
plus cruelle mortification. C'étoit pour eux
une perte irréparable , du moins pour fort
long-tems.

Ils s'arrêterent pendant quelque tems sur
cette petite colline , jusqu'à ce qu'ils virent
les Sauvages se répandre par tout comme une
troupe de bêtes féroces , rodant par tout
pour trouver quelque butin , & sur tout pour
déterrer les habitans, dont il étoit aisé de voir
qu'ils avoient connoissance.

Cette découverte fit sentir aux Anglois,
qu'ils n'étoient pas en sûreté dans le lieu où ils
se trouvoient ; parce qu'il étoit fort naturel
que quelques-uns des ennemis enfileroient

cette route ; & dans ce cas ils auroient pû y
venir en trop grand nombre pour pouvoir
leur résister.

Pour cette raison ils trouverent à propos
de pousser leur retraite une demi-lieuë plus
loin, s'imaginant que plus les Sauvages se
répandroient au long & au large, & plus
leurs pelottons seroient petits.

Ils firent leur premiere halte à l'entrée d'u-
ne partie du bois fort épaisse, où se trouvoit
le tronc d'un vieux arbre fort touffu & entierement creux. Ils s'y mirent l'un & l'autre,
résolus d'attendre là l'évenement de toute
cette triste avanture.

Ils ne s'y étoient pas tenus long-tems,
quand ils aperçûrent deux Sauvages s'avancer tout droit de ce côté-là, comme s'ils les
avoient découverts, & qu'ils les alloient attaquer ; & à quelque distance ils en virent
trois autres, suivis de cinq autres encore, &
tenant tous la même route. Outre ceux-là
ils virent à une plus grande distance sept autres Sauvages, qui prenoient un chemin dif-
ferent. Car toute la troupe s'étoit répanduë
dans l'Isle, comme des chasseurs qui battent
le bois pour faire lever le gibier.

Les pauvres Anglois se trouverent alors
dans un grand embarras, ne sçachant pas s'il
valoit mieux s'enfuïr, ou garder leur poste,
mais après une courte déliberation ils considérerent que si les ennemis continuoient à
roder par tout de cette maniere, avant l'arrivée

rée du secours, ils pourroient bien découvrir
la cave, ce qu'ils regardoient comme le dernier des malheurs. Ils résolurent donc de les
attendre, & s'ils étoient attaquez par une
troupe trop forte, de monter jusqu'au haut
de l'arbre, d'où ils pouvoient se défendre tant
que leurs munitions dureroient, quand même ils se trouveroient environnez de tous les
Sauvages, qui étoient débarquez, à moins
qu'ils ne s'avisassent de mettre le feu à l'arbre.
" Ayant pris ce parti, ils considérerent encore s'il seroit bon de faire d'abord feu sur les
deux premiers, où s'ils attendroient la venuë
des trois, pour separer ainsi les premiers d'avec les cinq qui suivoient les trois du milieu.
Ce parti leur parut le meilleur, & ils résolurent de laisser passer les deux premiers, à
moins qu'ils ne vinssent les attaquer. Ils furent confirmez dans cette résolution par le
procedé de ces deux Sauvages, qui prirent
un peu du côté de l'arbre, en avançant vers
une autre partie du bois; mais les trois & les
cinq qui les suivoient, continuerent leur chemin directement vers eux, comme s'ils
avoient été instruits du lieu de leur retraite.
Comme ils se suivoient tous l'un après l'autre, les Anglois qui trouvoient bon de ne tirer qu'un à un, crurent qu'il n'étoit pas impossible d'abattre les trois premiers d'un seul
coup. Là-dessus celui qui devoit tirer le premier, mit trois ou quatre balles sur son mousquet, & le plaçant, dans un trou de l'arbre,

très

très propre à assurer le coup ; il attendit qu'ils fussent venus à trente verges de distance, pour ne les pas manquer.

Pendant que l'ennemi avançoit, ils virent distinctement parmi les trois premiers leur esclave fugitif, & ils résolurent qu'ils n'échaperoit pas, quand ils devroient tirer l'un immédiatement après l'autre. Ainsi l'un se tint prêt pour ne le pas manquer si par hazard il ne tomboit pas du premier coup.

Mais le premier sçavoit viser trop juste pour perdre sa poudre ; il fit feu, & en toucha deux de la bonne maniere. Le premier tomba roide mort, la balle lui ayant passé tout au travers de la tête. Le second, qui étoit l'esclave fugitif, avoit la poitrine percée d'outre en outre & tomba à terre, quoi qu'il ne fût pas tout-à-fait mort ; pour le troisiéme il n'avoit qu'une legere blessure à l'épaule, causée aparemment par la même balle qui étoit passée par le même corps du second. Cependant effrayé mortellement, il s'étoit jetté à terre, en poussant des cris & des hurlemens épouventables.

Les cinq qui les suivoient, plus étonnez du bruit, qu'instruits du danger, s'arrêterent au commencement. Les bois avoient rendu le bruit mille fois plus terrible par les échos qui le rendoient de toutes parts, & les oiseaux se levant de tous côtez, y mêloient toutes sortes de cris, chacun selon sa differente espece. En un mot, c'étoit précisément

la

la même chofe, que lorfque la premiere fois de ma vie j'avois tiré un coup de fufil dans l'Ifle.

Cependant, voyant que tout étoit rentré dans le filence, & ne fçachant point dequoi il s'agiffoit, ils s'avancerent fans donner la moindre marque de crainte, mais quand ils furent venus à l'endroit où leurs pauvres compagnons avoient été fi maltraitez, ils fe prefferent tous autour du Sauvage bleffé, & lui parloient aparemment, en le queftionnant touchant la caufe de fon malheur, fans favoir qu'ils étoient expofez au même danger.

Il leur répondit fans doute, qu'un éclat de feu fuivi d'un affreux coup de tonnerre defcendu du Ciel avoit tué fes deux çamarades, & l'avoit bleffé lui-même. Cette réponfe du moins étoit fort naturelle : car comme il n'avoit vû aucun homme près de lui, & qu'il n'avoit jamais entendu un coup de fufil, bien loin d'en connoître les terribles effets, il lui étoit difficile de faire quelqu'autre conjecture là-deffus. Ceux qui le queftionnoient étoient certainement auffi ignorans que lui, fans cela ils ne fe feroient pas amufez à examiner d'une maniere fi tranquille la deftinée de leurs Compagnons, fans s'attendre à un fort pareil.

Nos deux Anglois étoient bien fâchez, comme ils m'ont dit, de fe voir obligez de tuer tant de pauvres créatures humaines, qui n'avoient pas la moindre idée du péril qui

L 3   les

les menaçoit de fi près ; cependant y étant forcez par le foin de leur propre confervation, & les voyant tous, pour ainfi dire, dans leur pouvoir, ils réfolurent de leur lâcher une décharge générale, car le premier avoit eu tout le tems néceffaire pour recharger fon fufil. Ils convinrent enfemble des differens côtez où ils viferoient pour rendre l'execution plus terrible, & faifant feu en même-tems, ils tuerent ou blefferent quatre de la troupe, & le cinquiéme, quoi qu'il ne fût touché en aucune maniere tomba à terre avec le refte comme mort de peur, de maniere que nos gens s'imaginerent de les avoir tous tuez.

Cette opinion les fit fortir hardiment de l'arbre fans avoir rechargé : ce qui étoit une démarche fort imprudente, & ils furent bien étonnez en aprochant de l'endroit d'en voir quatre en vie, parmi lefquels il y en avoit deux bleffez affez legerement, & un autre fain & fauf. Cette découverte les obligea à donner deffus avec la croffe du fufil. Ils dépêcherent d'abord l'Efclave fugitif, qui étoit la caufe de tout ce défaftre, & un autre qui étoit bleffé aux genoux. Enfuite le Sauvage qui n'avoit pas reçû la moindre bleffure fe mit à genoux devant eux, tendant fes deux mains vers le Ciel, & par un murmure lamentable, & d'autres fignes aifez à comprendre, il demanda la vie ; pour les paroles qu'il prononçoit, elles leur étoient abfolument inintelligibles.

Ils

Ils lui répondirent par signe de s'asseoir au pied d'un arbre, & un des Anglois ayant par hazard sur lui une corde lui lia les pieds & les mains, & le laissant là dans cette situation, ils se mirent l'un & l'autre aux trousses des deux premiers avec toute la vivacité possible, craignant qu'ils ne découvrissent la cave, qui cachoit leurs femmes, & tout le bien qu'il leur restoit. Ils les eurent en vûë une fois, mais à une grande distance. Ce qui leur plaisoit fort pourtant, c'étoit de les voir traverser une valée du côté de la mer, par un chemin, qui étoit tout à-fait à l'oposite de la cachette, pour laquelle ils craignoient si fort. Satisfaits de cette découverte, ils s'en retournerent vers l'arbre où ils avoient laissé leur prisonnier, mais ils ne l'y trouverent point. Les cordes dont il avoit été lié étoient à terre au pied du même arbre, & il avoit été trouvé, & délié par les autres Sauvages.

Ils étoient alors dans un aussi grand embarras qu'auparavant, ne sçachant quelle route prendre, ni où étoit l'ennemi ni en quel nombre. Là-dessus ils prirent le parti de s'en aller vers la Cave, pour voir si tout y étoit en bon état, & pour calmer la frayeur de leurs femmes, qui, quoique Sauvages elles-mêmes, craignoient mortellement leurs compatriotes, parce qu'elles en connoissoient parfaitement le naturel.

Y étant arrivez, ils virent que les Indiens avoient été dans le bois, & fort près de l'en-

droit

droit en question, mais qu'ils ne l'avoient pas déterré. Il ne faut pas s'en étonner, les arbres y étoient si touffus & si serrez, qu'il n'étoit pas possible d'y pénétrer sans un guide qui connut les chemins, & comme nous avons vû, celui qui conduisoit les Indiens, étoit là-dessus aussi ignorant qu'eux.

Nos Anglois trouverent donc toutes choses comme ils les souhaitoient ; mais leurs femmes étoient dans une terrible frayeur ; dans le même tems ils virent arriver à leur secours sept Espagnols ; les dix autres avec leurs Esclaves & le Pere de *Vendredi* avoient fait un petit corps pour défendre la ferme, que j'apelle ma maison de Campagne, & où ils avoient leur blé, & leur bétail ; mais les Sauvages ne s'étoient pas étendus jusques là. Ces sept Espagnols étoient accompagnés de l'Esclave que les Anglois leur avoient envoyé, & du Sauvage qu'ils avoient laissé lié au pied de l'arbre. Ils virent alors qu'il n'avoit pas été délié par ses Compagnons, mais par les Espagnols, qui avoient été dans cet endroit où ils avoient vû sept cadavres, & ce pauvre malheureux qu'ils avoient trouvé bon d'emmener avec eux. Il fut pourtant nécessaire de le lier de nouveau & de lui faire tenir compagnie aux deux, qui étoient restez lors que le troisiéme, auteur de tout le mal, avoit fait son escapade.

Les Prisonniers commençoient alors à leur être à charge, & ils craignoient si fort qu'ils qu'ils n'écha'paſſent, qu'ils réſolurent une fois de les tuer tous, perſüadez qu'ils y étoient contraints par l'amour qu'ils ſe de-voient à eux-mêmes. Le Gouverneur Eſpagnol ne voulut pourtant pas y conſentir, & ordonna, en attendant mieux, qu'on les envoyât à ma vieille Grotte dans la Vallée avec deux Eſpagnols pour les garder, & pour leur donner leur nourriture néceſſaire. On le fit, & ils reſterent là toute la nuit ſuivante, liez & garottez.

Les deux Anglois voyant les troupes auxiliaires, des Eſpagnols, en furent ſi fort encouragez, qu'ils ne voulurent pas en reſter là, & prenant avec eux cinq Eſpagnols, & ayant à eux tous cinq mouſquets, un piſtolet, & deux bons bâtons à deux bouts, ils partirent de la main pour aller à la chaſſe des Sauvages. Ils s'en furent du côté de l'arbre où ils avoient d'abord fait tête aux Sauvages, & ils virent ſans peine, qu'il en étoit venu d'autres depuis ce tems-là & qu'ils avoient fait quelques efforts pour emporter leurs compagnons qui y avoient perdu la vie, puis qu'en ayant traîné deux aſſez loin de-là, ils avoient été obligez de ſe déſiſter de leurs entrepriſe. De-là ils avancerent vers la Colline, qui avoit été leur premier poſte, & d'où ils avoient eu la mortification de voir leurs maiſons en feu. Ils eurent le déplaiſir de les voir encore toutes fumantes, mais ils ne découvrirent aucun de leurs ennemis.

Ils

Ils réfolurent alors d'aller avec toute la précaution poffible vers leurs plantations ruinées, mais en chemin faifant, étant à portée de voir le rivage de la mer, ils virent diftinctement les Sauvages empreffez à fe jetter dans leurs Canots, pour fe tirer de cette Ifle qui leur avoit été fi fatale.

Ils furent d'abord fâchez de les laiffer partir fans les faluer encore d'une bonne décharge, mais en examinant la chofe avec plus de fang froid, ils furent ravis d'en être quittes.

Ces pauvres Anglois étant ruinez alors pour la feconde fois, & privez de tout le fruit de leur travail, les autres s'accorderent tous à les aider & à relever leurs habitations, & à leur donner tout le fecours poffible. Leurs trois compatriotes mêmes, qui jufques-là n'avoient pas marqué la moindre inclination, & qui n'avoient rien feû de toute cette affaire, parce qu'ils s'étoient établis du côté de l'Eft, vinrent offrir leur affiftance, & travaillerent pour eux pendant plufieurs jours avec beaucoup d'amitié. De cette maniere en fort peu de tems ces pauvres Anglois furent de nouveau en état de fubfifter par eux-mêmes.

Deux jours après la Colonie eut la fatisfaction de voir trois Canots des Indiens portez fur le rivage, & près de-là deux hommes noyez, ce qui lui fit croire avec beaucoup de fondement, que leurs ennemis avoient eu une tempête en mer, & que quelques unes de
leurs

leurs barques avoient été renverſées. Ce qui
étoit confirmé par un vent violent qu'on
avoit ſenti dans l'Iſle la nuit même après le
départ des ennemis.

Cependant ſi quelques-uns étoient péris
par la tempête, il en reſtoit aſſez pour informer leurs compatriotes, de ce qu'ils avoient
fait, & de ce qui leur étoit arrivé, & pour les
porter à une ſeconde entrepriſe, où ils pou-
roient employer aſſez de forcespour n'en avoir
pas le démenti.

Il eſt vrai qu'ils n'étoient pas en état d'a-
joûter des particularitez fort eſſentielles au
recit que leur guide avoit fait des habitans.
Ils n'avoient vû eux-mêmes aucun homme,
& leur guide étant mort, il n'étoit pas impoſſible qu'ils ne commençaſſent à révoquer
en doute la fidelité de ſon raport. Du moins
rien ne s'étoit offert à eux, capable d'en confirmer la verité.

Cinq ou ſix mois ſe paſſerent, avant qu'on
entendît parler dans l'Iſle de quelque nouvelle entrepriſe des Sauvages; & mes gens
commencerent à eſperer que les Indiens
avoient oublié leurs malheureux ſuccès, ou
bien, qu'ils deſeſperoient de les réparer,
quand tout-à-coup ils furent attaquez par
une flotte formidable de tout au moins vingt
& huit Canots, remplis de Sauvages armez
d'Arcs & de Fléches, de Maſſuës, de Sabres
de bois, & d'autres pareilles armes. Leur
nombre étoit ſi grand, qu'il jetta toute la Co
lo·

Ionie dans la plus terrible consternation.
Comme ils débarquerent vers le soir dans la
partie Orientale de l'Isle, nos gens eurent
toute cette nuit pour consulter sur ce qu'ils
avoient à faire. Sçachant que leur sureté
avoir consisté entierement à n'être pas découverts, ils crurent qu'ils y étoient portez
alors par des motifs d'autant plus forts, que
le nombre de leurs ennemis étoit plus grand.

Conformément à cette opinion ils résolurent d'abord d'abattre les Cabanes des deux
Anglois, & de renfermer leur bétail dans la
vieille grotte, car ils supofoient que les Sauvages tireroient tout droit de ce côté-là pour
joüer encore le même jeu, quoi qu'ils fussent
abordez à plus de deux lieuës de l'habitation
de ces deux Anglois infortunez.

Ensuite, ils emmenerent tout le bétail qui
étoit dans ma vieille Maison de Campagne
& qui apartenoit aux Espagnols ; en un mot
ils ôterent autant qu'il fut possible, tout ce
qui étoit capable de faire croire l'Isle habitée.
Le jour après il se posterent de bon matin
avec toutes leurs forces devant la plantation
des deux Anglois, pour y attendre l'ennemi
de pied ferme.

La chose arriva précisément comme ils
avoient cru. Les Sauvages laissant leurs Canots près de la côte Orientale de l'Isle, s'a-
vancerent sur le rivage directement vers le
lieu en question au nombre d'environ 250,
selon que nos gens en pouvoient juger.

Nô

Nôtre Armée étoit fort petite en compa-
raison, & ce qu'il y avoit de pire, il n'y
avoit pas dequoi lui fournir suffisamment
d'armes

Voici le compte des hommes,

17 Espagnols,
  5 Anglois,
  1 Le Pere de *Vendredi*,
  3 Esclaves venus dans l'Isle avec les fem-
    mes Sauvages, & qui s'étoient montrez
    fort fidéles.
  3 Trois autres Esclaves qui servoient les
    Espagnols.

29.   nombre total.

Pour armer ces combattans, il y avoit
11 Mousquets,
  5 Pistolets,
  3 Fusils de chasse,
  5 Fusils que j'avois ôté aux Matelots mutins
    en les desarmant,
  2 Sabres,
  3 Vieilles Hallebardes.

29.   nombre total.

Pour tirer de ces armes tout l'usage possible, ils ne donnerent point d'armes à feu aux
Esclaves, mais ils les armerent chacun d'une
hallebarde, où d'un bâton à deux bouts avec
une hache. Chaque combattant Européen
en prit une aussi. Il y avoit encore deux femmes.

nies, qu'il fut impoſſible de détourner d'accompagner leur maris au combat. On leur
donna des arcs & les fléches que les Eſpagnols
avoient priſes des Sauvages à la bataille qui
s'étoit donnée dans l'Iſle, il y avoit quelque-
tems, entre deux differentes troupes d'Indiens. On donna encore une hache à chacune de ſes Amazones.

Le Gouverneur Eſpagnol, dont j'ai déja
parlé ſi ſouvent, étoit Generaliſſime, &
Guillaume Atkins, qui, quoi qu'un terrible homme, quand il s'agiſſoit de commet-
tre quelque crime, étoit pourtant plein de
valeur, commandoit ſous lui. Les Sauvages
avancerent ſur les nôtres comme des Lions,
& ce qu'il y avoit de fâcheux, c'eſt que nos
gens ne pouvoient pas tirer le moindre ſecours du lieu où ils étoient poſtez, excepté
que Guillaume Atkins, qui dans cette occaſion rendit de grands ſervices, étoit caché
avec ſix hommes derriere quelques brouſſail-
les, en guiſe d'une garde avancée, ayant ordre de laiſſer paſſer les premiers des ennemis,
de faire feu enſuite au beau milieu de la troupe, & de ſe retirer après avec toute la prom-
titude poſſible, en faiſant un détour dans le
bois pour ſe placer derriere les Eſpagnols,
qui avoient une rangée d'arbres devant eux.

Les Sauvages s'avançant par petits pelottons ſans aucun ordre, Atkins en laiſſa paſſer une cinquantaine, & voyant que le reſte faiſoit une troupe auſſi épaiſſe que déran-
gée,

gée, il fit faire feu à trois de ses gens, qui avoient chargé tous leurs fusils de six ou sept balles à peu près du calibre d'un Pistolet. Il n'est pas possible de dire combien ils en tuérent & blefferent, mais leur surprise & leur confternation n'est pas exprimable. Ils étoient dans un étonnement & dans une frayeur terrible d'entendre un bruit si inoüi, & de voir leurs gens tuez & blessez, sans en pouvoir découvrir la cause, quand Atkins lui-même & les trois autres firent une nouvelle décharge dans le plus épais de leur bataillon, & en moins d'une minute, les trois premiers ayant eu le tems de charger de nouveau leurs fusils, leur donnerent une troisiéme décharge.

Si alors Atkins & ses gens s'étoient retirez immédiatement comme on lui avoit ordonné, ou si les autres avoient été à portée de continuer le feu, les Sauvages étoient défaits indubitablement, car la confternation dans laquelle ils étoient, venoit principalement, de ce qu'ils croyoient que c'étoient les Dieux qui les tuoient par le tonnerre, & par la foudre. Mais Guillaume s'arrêtant là pour recharger de nouveau, les tira d'erreur. Quelques-uns des ennemis les plus éloignez, le découvrirent & le vinrent prendre par derriere, & quoi qu'Atkins fit encore feu sur ceux-là deux ou trois fois, & qu'il en tuât une vingtaine, il fut blessé pourtant lui-même, un de ses gens Anglois fut tué à coups de fléches, & le même malheur arriva quelques-tems

après

après à un Espagnol , & à un des Esclaves,
qui étoient venus dans l'Isle avec les épouses
des Anglois. C'étoit un garçon d'une bravoure étonnante ; il s'étoit batu en deses-
ré , & il avoit dépêché lui seul cinq ennemis , quoi qu'il n'eût d'autres armes qu'un
bâton à deux bouts & une hache.

Nos gens étant pressez de cette maniere-
là , & ayant souffert une perte si considérable , se retirerent vers une Colline dans
le bois , & les Espagnols après avoir fait
trois décharges , firent la retraite aussi.

Le nombre des ennemis étoit terrible , &
ils se battoient tellement en desesperez , que
quoi qu'il y en eut une cinquantaine de tuez,
& autant de blessez tout ou moins , ils ne laissoient pas d'enfoncer nos gens sans se mettre
en peine du danger ; & leur envoyoient continuellement des nuées de flèches. On obser-
va même que leurs blessez , qui étoient encore en état de combattre , en devenoient
plus furieux , & qu'ils étoient plus à craindre
que les autres.

Lorsque nos gens commencerent leur retraite ils laisserent leurs morts sur le champ
de bataille , & les Sauvages maltraiterent ces
cadavres de la maniere du monde la plus
cruelle , leur cassant les bras , les jambes,
& les têtes avec leurs Massuës , & leurs sabres de bois , comme de vrais barbares qu'ils
étoient.

Voyant que nos gens s'étoient retirez , ils
ne

ne fongerent pas à les fuivre, mais s'étant rangez en cercle felon leur coûtume, ils pouſſerent deux grands cris en figne de Victoire. Leur joye fut pourtant modérée peu après par pluſieurs de leurs bleſſez, qui tomberent à terre, & qui perdirent la vie à force de perdre du fang.

Le Gouverneur ayant retiré fa petite armée fur un petit tertre élevé, Atkins tout bleſſé qu'il étoit, fut d'avis qu'on marchât, & qu'on donnât de nouveau avec toutes les forces unies. Mais le Gouverneur lui repliqua : Seigneur Atkins, vous voyez de quelle ma- « niere defefperée leurs bleſſez combattent ; « laiſſons-les en repos juſqu'à demain, tous « ces malheureux feront tous roides de leurs « bleſſures, ils feront trop affoiblis par la per- « te de leur fang pour en venir aux mains de « nouveau, & nous aurons meilleur marché « du refte. «

C'eſt fort *bien dit à vous*, Seigneur, repliqua Atkins avec une gayeté brufque, *mais parbleu il en fera de moi précifement comme des Sauvages, je ne ferai bon à rien demain, & c'eſt pour cela que je voudrois recommencer la danfe pendant que je fuis encore échauffé.* Vous parlez en brave homme, Seigneur « Atkins, repartit l'Efpagnol, & vous avez « agi tout de même, vous avez fait vôtre de- « voir, & nous nous battrons pour vous de- « main, fi vous n'êtes pas en état d'être de la « partie. Attendons juſqu'à demain, je croi «

» que ce fera le parti le plus fage.

Néanmoins comme pendant la nuit il faifoit un fort beau clair de Lune, & qu'ils fçavoient que les Sauvages étoient dans un grand defordre courant confufément de côté & d'autre, près de l'endroit où étoient leurs morts & leurs bleffez, ils réfolurent enfuite de tomber fur eux pendant la nuit : perfuadez, que s'ils pouvoient donner une feule décharge avant que d'être découverts, leurs affaires iroient bien. L'occafion étoit merveilleufe pour le faire, car un des Anglois, près de l'habitation duquel le combat avoit commencé, fçavoit un moyen fûr pour les furprendre. Il fit faire à nos gens un détour dans le bois, du côté de l'Ouieft, & puis tournant du côté du Sud, il les mena fi près du lieu où étoit le plus grand nombre des Sauvages, qu'avant d'avoir été vûs, ou entendus, huit d'entr'eux firent une décharge fur les ennemis avec un fuccès terrible. Une demi minute après, huit autres les faluerent de la même maniere, & répandirent parmi eux une fi grande quantité de groffe dragée qu'il y en eut un grand nombre de tuez, & de bleffez, & pendant tout ce tems-là, il ne leur fut pas poffible de découvrir, d'où venoit ce carnage, & de quel côté ils devoient fuïr.

Les nôtres ayant chargé leurs armes de nouveau avec toute la promptitude poffible, fe partagerent en trois troupes, réfolus de tom-

tomber fur les ennemis tous à la fois. Dans chaque petite troupe il y avoit huit perfonnes, car ils étoient en tout vingt-quatre, fi l'on compte les deux femmes, qui pour le dire en paffant combatirent avec toute la fureur imaginable.

Ils partagerent les armes à feu également à toutes les trois troupes, comme auffi les hallebardes, & les bâtons à deux bouts. Ils vouloient laiffer les femmes derriere, mais elles dirent, qu'elles étoient réfoluës de mourir avec leurs maris. S'étant mis ainfi en bataille, ils fortirent du bois en pouffant un cri de toutes leurs forces. Les Sauvages firent tous ferme, mais ils étoient dans la derniere confternation, en entendant nos gens pouffer leurs cris de trois différens côtez. Ils étoient affez courageux pour nous combattre, s'ils nous avoient vûs, & effectivement dès que nous aprochâmes, ils tirerent plufieurs fléches, dont l'une bleffa le pauvre pere de *Vendredi*, mais pas dangereufement. Mais nos gens ne leur donnerent gueres de tems, fe ruant fur eux, après avoir fait feu de trois côtez différens, fe mêlerent avec eux, & à coups de croffes, de fabres, de haches & de bâtons à deux bouts, ils remuerent fi bien les mains, que les ennemis fe mirent à hurler affreufement & à s'enfuir, l'un d'un côté & l'autre de l'autre, ne fongeant plus qu'à fe dérober à des ennemis fi terribles.

Nos gens étoient fatiguez de les affommer,

& il ne faut pas en être surpris, puisque dans
les deux actions ils en avoient tué ou blessé
mortellement cent quatre-vingt tout au
moins. Les autres saisis d'une frayeur inexprimable couroient par les collines & les vallées
avec toute la rapidité que la peur pouvoit
ajoûter à leur vîtesse naturelle.

Comme nous ne nous mettions gueres en
peine de les poursuivre, ils gagnerent tous le
rivage sur lequel ils s'étoient débarquez.
Mais ce n'étoit pas-là encore la fin de leur
malheur, car il faisoit cette nuit un terrible
vent, qui venant du côté de la mer les empêchoit de quitter le rivage. La tempête continua pendant toute la nuit, & quand la marée monta leurs Canots furent poussez si avant
sur le rivage, qu'il auroit falu une peine infinie pour les remettre à flot, & quelques-
uns en heurtant contre le sable, où les uns
contre les autres, avoient été mis en piéces.

Nos gens, quoique charmez de leur victoire, eurent peu de repos tout le reste de la
nuit, mais s'étant rafraîchis du mieux qu'il
leur étoit possible, ils prirent le parti de marcher vers cette partie de l'Isle où les Sauvages
s'étoient retirez. Ce dessein les força de passer
au travers du champ de bataille, où ils virent plusieurs de leurs malheureux ennemis
encore en vie, mais hors d'espérance d'en revenir. Spectacle desagréable pour des cœurs
bien placez, car une ame véritablement grande, quoique forcée par les Loix naturelles à
dé-

détruire ſes ennemis, eſt fort éloignée de ſe réjouïr de leurs malheurs.

Il ne leur fut pas néceſſaire de s'inquieter à l'égard de ces pauvres Sauvages, car leurs eſclaves eurent ſoin d'en finir les miſeres à grands coups de haches.

Ils parvinrent enfin à un endroit où ils virent les triſtes reſtes de l'armée des Sauvages, qui conſiſtoit encore dans une centaine d'hommes. Ils étoient aſſis à terre le menton apuyé ſur les genoux, & la tête ſoutenuë par les deux mains.

Dès que nos gens furent éloignez d'eux de la diſtance de deux portées de mouſquet; le Gouverneur ordonna qu'on tirât deux Mouſquets ſans balles, pour leur donner l'allarme, & pour voir leur contenance. Il avoit envie de découvrir par là s'ils étoient d'humeur à ſe battre encore, ou s'ils étoient entiérement découragez par leur défaite. C'eſt ſelon ce qu'il découvriroit qu'il vouloit prendre ſes meſures.

Ce ſtratagême réuſſit, car dès que les Sauvages eurent entendu le premier coup, & qu'ils virent le feu du ſecond, ils ſe leverent ſur leurs pieds avec toute la frayeur imaginable, & ils s'enfuirent vers les bois, en faiſant une ſorte de hurlemens que nos gens n'avoient pas encore entenduë juſques là, & dont ils ne purent pas deviner le ſens. D'abord nos gens auroient mieux aimé que le tems eût été tranquille, & que leurs ennemis

mis euſſent pû ſe rembarquer ; mais ils ne
conſidéroient pas alors, que leur retraite auroit pu être la cauſe d'une nouvelle expédition , & qu'ils ſeroient peut-être revenus
avec des forces auſquelles il n'auroit pas été
poſſible de réſiſter , ou bien qu'ils auroient
pû revenir ſi ſouvent, que la Colonie uniquement occupée à les repouſſer auroit été obli-
gée de mourir de faim.

Guillaume Atkins, qui malgré ſa bleſſure
n'avoit pas voulu quitter la partie, donna le
meilleur conſeil de tous , il étoit d'avis de ſe
ſervir de la frayeur des ennemis pour les couper d'avec leurs barques , & pour les empêcher de regagner jamais leur patrie.

Ils conſulterent long-tems là-deſſus ; quelques-uns s'opoſoient à cette opinion , craignant que l'exécution de ce projet ne pouſſât
les Barbares deſeſperez à ſe cacher dans les
bois, ce qui forceroit les nôtres à leur donner la chaſſe comme à des bêtes féroces, les
empêcheroit de travailler , pour ne s'occuper
qu'à garder leur bétail, & leurs plantations,
& les feroit vivre dans des inquiétudes con-
tinuelles.

Atkins répondit qu'il valoit mieux avoir
affaire à cent hommes qu'à cent Nations ; &
qu'il faloit abſolument détruire , & les Canots & les ennemis , s'ils vouloient n'être
pas détruits eux-mêmes ; en un mot il leur
montra ſi bien l'utilité de ſon ſentiment
qu'ils y entrerent tous. Ils mirent auſſi-tôt
la

la main à l'œuvre, & ayant ramaffé du bois
fec, ils effayerent de mettre quelques-uns des
Canots en feu ; mais ils étoient trop moüil-
lez. Néanmoins le feu en gâta tellement les
parties fuperieures, qu'il n'étoit plus poffible
de s'en fervir.

Quand les Indiens remarquerent le deffein
de nos gens, quelques-uns d'entr'eux fortirent du bois & s'aprochant de nos gens ils
fe mirent à genoux en criant, *Oa*, *Oa*, *Wa-*
ramoka, & en prononçant quelques autres
paroles, dont les nôtres ne pûrent rien enten-
entendre ; mais comme ils étoient dans une
pofture fupliante, les cris qu'ils pouffoient
étoient deftinez fans doute à prier nos gens
d'épargner leurs Canots & de leur permettre
de s'en retourner.

Mais nos gens étoient alors abfolument perfuadez que l'unique moyen de conferver la
Colonie, étoit d'empêcher qu'aucun des Sauvages ne retournât chez lui, perfuadez que
s'il en échapoit un feul pour aller raconter
la trifte avanture de fes camarades, c'étoit
fait d'eux. Ainfi faifant figne aux barbares
qu'il n'y avoit point de quartier pour eux, ils
pousserent leur pointe, en détruifant toutes
les barques, que les tempêtes avoient épar-
gnées. A la vûë de ce fpectacle les Sauvages
qui étoient dans le bois firent des hurlemens
épouventables, que les nôtres entendirent
diftinctement, & enfuite ils fe mirent à courir dans l'Ifle comme des gens, qui euffent

per-

perdu l'efprit. Ce qui troubla beaucoup nos
gens, indéterminez fur ce qu'ils devoient
faire pour fe délivrer de ces miferables.

Les Efpagnols même malgré toutes leur
prudence ne confidéroient pas, qu'en portant ces fauvages au defefpoir, ils devoient
placer des Gardes auprès de leurs plantations.
Il eft vrai qu'ils avoient mis leurs troupeaux
en fûreté, & qu'il étoit impoffible aux Indiens de trouver la Capitale de l'Ifle, je veux
dire mon vieux Château, non plus que ma
grotte dans la Vallée; mais malheureufement ils déterrerent *la grande ferme*, la mirent toutes en-piéces, ruïnerent l'enclos, &
la plantation, qui étoit à l'entour, foulerent
le bled aux pieds, arracherent les vignes, &
gâterent les raifins qui étoient déja en ma-
turité, en un mot, ils firent des dommages
ineftimables, quoi qu'ils n'en profitaffent
pas eux-mêmes.

Nos gens étoient à la verité en état de les
combattre par tout où ils les trouveroient;
mais ils étoient fort embaraffez fur la maniere de leur donner la chaffe. Quand ils les
trouvoient un à un, ils les pourfuivoient en
vain; ils trouvoient aifément leur fureté dans
la vîteffe extraordinaire de leur pieds; &
d'un autre côté nos gens n'ofoient pas aller
un à un pour les furprendre, de peur d'être
environnez, & accablez par le nombre.

Ce qu'il y avoit de meilleur, c'eft qu'ils
n'avoient point d'armes; leurs arcs leur
étoient

étoient inutiles, fautes de flèches, & de materiaux pour en faire de nouvelles, & ils n'avoient aucune arme tranchante parmi toute la troupe.

L'extrêmité à laquelle ils étoient réduits étoit certainement déplorable, mais la situation dans laquelle ils avoient mis la Colonie n'étoit guére meilleure. Car quoique nos retraites fussent conservées, nos provisions étoient ruïnées pour la plûpart ; nôtre moisson étoit détruite, & la seule ressource qui restoit étoit le bétail qui étoit dans la vallée près de la grotte, un petit champ de blé étoit de ce côté-là, & les plantations de Guillaume Atkins, & de son camarade, car l'autre avoit perdu la vie dans la première action, par une fléche qui lui avoit percé la tête sous la temple. Il est remarquable que, c'étoit le même scelerat inhumain qui avoit donné cet affreux coup de fléche au pauvre Esclave, & qui avoit projetté ensuite de faire main basse sur tous les Espagnols.

A mon avis ces gens furent alors dans un cas plus triste, que je n'avois été jamais depuis le moment que j'avois trouvé le moyen de semer du millet & du ris, & que je commençois à réüssir à aprivoiser des chèvres. Ils avoient une centaine de Loups dans l'Isle, qui devoroient tout ce qu'ils pouvoient atteindre, & qu'il étoit impossible d'atteindre eux-mêmes.

La première chose dont ils purent conve-

nir

nir dans cet embarras, c'étoit de pousser les
ennemis vers le Sud-Oüest, dans l'endroit
le plus reculé de l'Isle, afin que si d'autres
Sauvages abordoient dans ces entrefaites,
ils ne pussent pas découvrir ceux-ci. Ils
résolurent encore de les harasser continuellement, d'en tuer autant qu'ils pourroient
pour en diminuer le nombre, & s'ils pouvoient réüssir à la fin de les aprivoiser, de
leur enseigner à semer & de les faire vivre de
leur propre travail.

Conformément à ces résolutions, ils les
poursuivirent avec tant de chaleur, & les ef-
frayerent tellement par leurs armes à feu,
que le seul bruit en faisoit tomber les Indiens
à terre. Leur frayeur étoit si grande, qu'ils
s'éloignoient de plus en plus ; leur nombre
diminuoit de jour en jour ; & enfin, ils furent réduits à se cacher dans les bois & dans
les cavernes, où plusieurs périrent miserable-
ment de faim , comme il parut dans la suite
par leurs cadavres qu'on trouva.

La misère de ces pauvres gens remplit les
nôtres d'une genereuse compassion, sur tout
le Gouverneur Espagnol qui étoit l'homme
du monde qui avoit le cœur le mieux placé
& le plus digne d'une homme de naissance.
Il proposa aux autres de tâcher à prendre
un des Sauvages pour lui faire entendre l'intention de la Colonie, & pour l'envoyer parmi les siens, afin de les faire venir à une Capitulation, qui assurât les Sauvages de la vie,

&

& la Colonie du repos qu'ils avoient perdu depuis la derniere invasion.

Ils furent assez long-tems avant de pouvoir parvenir à leur but, mais enfin la disette les ayant affoiblis, on en saisit un. Il étoit au commencement tellement accablé de son malheur, qu'il ne voulut manger ni-boire; mais voyant qu'on le traitoit avec douceur, & qu'on avoit l'humanité de lui donner ce qu'il faloit pour sa subsistance sans lui faire le moindre chagrin, il revint de ses frayeurs, & se tranquillisa peu à peu.

Ils lui amenérent le Pere de *Vendredi*, qui entra souvent en conversation avec lui; & qui l'assuroit de l'intention qu'on avoit non seulement de sauver la vie à lui & à tous ses compagnons, mais encore de leur donner une partie de l'Isle, à condition qu'ils se tiendroient dans leurs propres limites, sans en sortir jamais pour causer le moindre dommage à la Colonie. Il lui promit aussi qu'on leur donneroit du grain pour ensemencer des terres, & qu'on leur fourniroit du pain, en attendant qu'ils fussent en état d'en faire pour eux-mêmes. De plus il lui ordonna d'aller parler à ses compatriotes, & de leur déclarer que s'ils ne vouloint pas accepter des conditions si avantageuses, ils seroient tous détruits.

Les malheureux Sauvages extrêmement humiliez par leurs miséres & réduits au nombre d'environ trente-sept, reçûrent la propo

sition sans balancer, & demanderent qu'on
leur donnât quelques alimens. Là-dessus
douze Espagnols & deux Anglois bien armez
marcherent vers l'endroit où les Indiens se
trouvoient alors avec trois Esclaves & le Pere de *Vendredi*. Ces derniers leur portoient
une bonne quantité de pain, quelques gâ-
teaux de ris seché au Soleil, & trois chevreaux
en vie. On leur ordonna de se placer au pied
d'une Colline pour manger ensemble, ce
qu'ils firent avec toutes les marques possibles
de reconnoissance, & dans la suite ils se mon-
trerent les observateurs les plus religieux de
leur parole qu'il est possible de trouver parmi
les hommes. Ils ne sortoient jamais de leur
territoire que quand ils étoient obligez de venir demander des vivres & des conseils pour
diriger leur plantation.

C'est encore dans ce même endroit qu'ils
vivoient quand je suis rentré dans l'Isle &
que je leur ai rendu une visite.

On leur avoit enseigné à semer du bled,
à faire du pain, à traire des chévres, &c. &
rien le leur manquoit que des femmes pour
faire bien-tôt un peuple dans les formes. On
leur avoit assigné une partie de l'Isle bordée
de rochers par dérriere, & de la mer par devant. Elle étoit située du côté du Sud-Est,
& ils avoient autant de terres fertiles qu'il
leur en faloit ; elles étoient étenduës d'un mille & demi en largeur, & d'environ quatre en
longueur.

N os

Nos gens leur enseignerent à faire des pelles de bois, comme j'en faisois autrefois pour moi même, & firent present à toutes la trou- de douze haches, & de trois coûteaux ; avec ces outils ils facilitoient leur travail & vi- voient avec toute la tranquilité, & avec toute l'innocence qu'on pouvoit desirer.

Après la fin de cette guerre, la Colonie joüit d'une tranquilité parfaite, par raport aux Sauvages, jusqu'à ce que je revinsse la voir deux années après. Les Canots des Sauva- ges ne laissoient pas d'y aborder de tems en tems pour faire leurs repas inhumains, mais comme ils étoient de differentes Nations, & qu'ils n'avoient aparemment jamais entendu parler de ce qui étoit arrivé aux autres, ils ne firent aucune recherche dans l'Isle pour trouver les autres Sauvages, & quand ils l'auroient fait, ç'auroit été un grand hazard s'ils les avoient trouvez.

C'est ainsi que j'ai donné un recit fidéle & complet de tout ce qui étoit arrivé de considérable à ma Colonie pendant mon ab- sence. Elle avoit extrêmement civilisé les In- diens & leur rendoit de fréquentes visites, mais elle leur défendoit sous peine de la vie de la venir voir à son tour de peur d'en être trahis.

Ce qu'il y a de remarquable encore, c'est que nos gens avoient enseigné aux Sauvages à faire des panniers & d'autres ouvrages d'o- sier. Mais bien-tôt ils avoient surpassé leurs

maîtres. Ils sçavoient faire en ce genre les
choses du monde les plus curieuses, des tamis
des cages, des tables, des garde-mangers,
des chaises, des lits, &c. étant extrêmement
ingénieux dès qu'on leur avoit une fois donné l'idée de quelque chose.

Mon arrivée fut d'un grand secours à ces
pauvres gens, puisque je les pourvus abondamment de couteaux, de ciseaux, de pelles,
de beches, de pioches ; en un mot, de tous
les outils dont ils pouvoient avoir besoin. Ils
s'en servirent bien-tôt avec beaucoup d'a-
dresse, & ils eurent assez d'industrie, pour
se faire des maisons entieres d'un tissu d'osier,
ce qui, malgré son air comique, étoit d'une
grande utilité contre la chaleur & contre toutes sortes de vermine.

Cette invention plut tant à mes gens,
qu'ils firent venir les Sauvages, pour faire la
même chose pour eux, & quand je fus voir
la Colonie des deux Anglois, leurs huttes
fraperent mes yeux de loin, comme de grandes ruches. Pour Guillaume Atkins, qui
commençoit à devenir sobre, industrieux,
apliqué, il s'étoit fait une telle tente d'ouvrage de Vannier, qu'elle passoit l'imagination
Elle avoit 120. pas de circuit., les murailles
en étoient aussi serrées, que le meilleur panier ; elles consistoient en 32. compartimens
fort épais, & de la hauteur de sept pieds. Il
y avoit au milieu une autre hutte, qui n'a-
voit pas au-delà de 22. pas de contour. Elle
étoit

étoit beaucoup plus forte & plus épaille que
la tente extérieure ; la figure en étoit octogo-
ne, & chacun des huit coins, étoit foûtenu
d'un bon poteau. Sur le haut de tous ces poteaux il avoit pofé de grandes piéces du même
ouvrage, jointes enfemble par des chevilles
de bois ; ces piéces fervoient de baze à huit
folives qui faifoient le dôme de tout le bâtiment, & qui étoient parfaitement bien unies,
quoi qu'au lieu de clous, il n'eût que quelques chevilles de fer, qu'il avoit trouvé moyen
de faire de la vieille ferraille, que j'avois laiffée dans l'Ifle.

Certainement ce drole faifoit voir une
grande invention dans plufieurs chofes, où il
n'avoit jamais eu occafion de s'apliquer. Il fe
fit non feulement une forge avec deux fou-
flets de bois, & de fort bon charbon, mais
encore une enclume de médiocre grandeur,
dont il avoit trouvé la matiere dans un Levier de fer ; ce qui lui donna le moyen de for-
ger des crochets, des gaches de ferrure, des
chevilles de fer, des verroüils, & des gonds.

J'en reviens à fon bâtiment : après avoir
drefié le dôme de fa tente interieure, il remplit les vuides entre les folives, d'ouvrage de
Vannier aufli-bien tiffu qu'il fut poffible. Il
le couvrit d'un fecond tiffu de paille de ris ;
& fur le tout il mit encore des feüilles d'un
certain arbre, fort larges, ce qui rendoit
tout le toît aufli impénétrable à la pluye,
que s'il avoit été couvert de tuiles, ou d'ar-

N 4   doi-

doife ; il fit tout cela lui-même , horfmis
l'ouvrage de Vannier , que les Sauvages
avoient tiffu pour lui.

La tente extérieure formoit comme une efpece de Galerie couverte, & de fes trente-deux
angles des folives s'étendoient les poteaux qui
foûtenoient le dôme , & qui étoient éloignez
du circuit, de l'efpace de vingt pieds ; de maniere qu'il y avoit entre les murailles exté-
rieures & intérieures, une promenade large
de vingt pieds à peu près.

Il partagea tout l'intérieur en fix apartemens par le moyen de ce même ouvrage de
Vannier, mais plus proprement tiffu & plus
fin que le refte. Dans chacune de ces fix
chambres de plein pied, il y avoit une porte,
par laquelle on entroit dans la tente du milieu , & un autre qui donnoit dans la galerie
extérieure, qui étoit auffi partagée en fix
parties égales, non feulement propres à fervir de retraite, mais encore de décharge.

Ces fix efpaces n'emportoient pas toute la
circonférence, & les autres apartemens, qu'il
y avoit dans la tente extérieure, étoient ar-
rangez de la maniere que voici. Dès qu'on
étoit entré par la porte de dehors, on avoit
tout droit devant foi un petit paffage qui menoit à la porte de la maifon intérieure ; à chaque côté du paffage il y avoit une muraille
d'ouvrage de Vannier, avec une porte par
où l'on entroit dans une efpece de Magazin
large de vingt pieds, & long de quarante, &
de.

de-là dans un autre un peu moins long. De
maniere que dans la tente extérieure, il y
avoit dix belles chambres, dans six desquel-
les on ne pouvoit entrer que par les apartemens de la tente intérieure, dont elles
étoient, pour ainsi dire, les Cabinets. Les
autres quatre, comme je viens de dire,
étoient de grands magazins, deux d'un côté,
& deux de l'autre du passage, qui menoit de
la porte de dehors à celle de la maison intérieure.

Je croi qu'on n'a jamais entendu parler
d'un pareil ouvrage de Vannier, ni d'une hute faite avec tant de propreté, & d'arrange-
ment. Cette grande ruche servoit de demeure
à trois familles, sçavoir, à celle d'Atkins de
son Compagnon, & de la femme du troisiéme
Anglois, qui avoit perdu la vie dans la derniere Guerre, & qui avoit laissé sa veuve
avec trois enfans sur les bras.

Les autres en userent parfaitement bien
avec cette famille, & lui fournirent avec une
charité liberale tout ce dont elle avoit besoin,
du grain, du lait, des raisins secs, &c. S'ils
tuoient un chevreau, ou s'ils trouvoient une
tortuë, elle en avoit toûjours sa part; de maniere que tous ensemble ils vivoient assez
bien, quoique, comme j'ai déja dit, il s'en
falut beaucoup qu'ils n'eussent la même aplication que les Anglois, qui faisoient une Colonie à part.

Il y avoit une particularité dans la con-
dui-

duite de tous les Anglois, que je ne dois pas
passer sous silence. La Religion étoit une chose absolument inconnuë parmi eux. Il est vrai
qu'ils se faisoient souvenir assez souvent les
uns les autres, qu'il y avoit un Dieu, en jurant à la maniere des gens de mer ; mais cette
espece d'hommage qu'ils rendoient à la Divi-
nité étoit fort éloigné, d'être un acte de de-
votion, & leurs femmes pour être mariées à
des Chrétiens, n'en étoient pas plus éclairées.
Ils étoient fort ignorans dans la Religion eux-
mêmes, & par conséquent fort incapables d'en
donner quelque idée à leurs femmes. Toutes
les lumieres qu'elles avoient acquises par le
mariage, c'est que leurs maris leur avoient
enseigné à parler l'Anglois passablement,
comme aussi à leurs enfans, qui étoient environ au nombre de vingt, & qui aprenoient
à s'énoncer en Anglois, dès qu'ils étoient en
état de former des sons articulez, quoi qu'ils
s'en acquitassent d'abord d'une maniere assez
burlesque, aussi bien que leurs meres.

Parmi tous ces enfans, il n'y en avoit pas
un qui passât l'âge de six ans quand j'arrivai.
A peine y en avoit-il sept, que les Anglois
avoient mené ces Dames Sauvages dans l'I-
sle. Elles étoient toutes fécondes, l'une plus,
l'autre moins ; celle qui étoit tombée en partage au second Cuisinier de Vaisseau, étoit
grosse alors pour la sixiéme fois ; il n'y en
avoit pas une qui ne fut douce, modérée,
laborieuse, modeste, & prompte à secourir

ſes compagnes , elles étoient fur tout extrêmement ſoumiſes à leurs maîtres , que je ne
puis apeller leurs maris que très impropre-
ment. Il ne leur manquoit rien que d'être
inſtruites dans le Chriſtianiſme, & mariées
légitimement ; elles y parvinrent bien - tôt
par mes ſoins , ou du moins par une conſé-
quence de mon arrivée dans l'Iſle.

Ayant donné ainſi l'Hiſtoire générale de
la Colonie , & particulierement des cinq rebelles Anglois , il me reſte d'entrer en quelque détail touchant les Eſpagnols, qui conſti-
tuoient le corps le plus puiſſant de mes Sujets & dont l'hiſtoire eſt remarquable par des
particularitez dignes d'attention.

Ils m'informerent dans pluſieurs de nos
converſations la ſituation où ils s'étoient
trouvez parmi les Sauvages. Ils me dirent
naturellement qu'ils n'y avoient pas ſongé
ſeulement à chercher dans l'induſtrie quelque ſecours contre la miſere , & que quand
même ils auroient été en état de ſe mettre à
l'aiſe , ils avoient été ſi fort accablez par le
fardeau de leurs infortunes , ſi abîmez dans
le deſeſpoir, qu'ils s'étoient abandonnez non-
chalamment à la réſolution de ſe laiſſer mourir de faim.

Un homme fort grave & fort ſenſé d'entr'eux, me dit qu'il ſentoit bien qu'ils avoient
eu tort , puis qu'un homme ſage , au lieu de
ſe laiſſer entraîner à ſa miſere , doit tirer du
ſecours de tous les moyens que lui offre la
rai-

raiſon, pour adoucir le malheur preſent, &
pour ſe préparer une délivrance entiere pour
l'avenir. *La douleur*, continua t'il, *eſt la paſſion du monde la plus inſenſée, & la plus inutile ; elle ne roule que ſur des choſes paſſées, qu'on
ne peut pas rapeller, & qui d'ordinaire ſont
ſans remede ; elle ne ſe tourne preſque jamais
du côté de l'avenir, & bien loin de nous faire
refléchir ſur les moyens de finir nos malheurs,
elle y met le comble, au lieu de les rendre ſupor-
tables.* Là-deſſus il m'allégua un proverbe
Eſpagnol, qu'il m'eſt impoſſible de citer mot
à mot, mais dont j'ai fait le proverbe que
voici.

Etre troublé dans le trouble,

C'eſt rendre le trouble double.

Il porta enſuite ſes réflexions ſur toutes
les commoditez que je m'étois autrefois pro-
curées dans ma ſolitude, & ſur les ſoins infa-
tigables, par leſquels d'un état plus triſte,
que le leur n'avoit jamais été, j'en avois ſçû
faire un plus heureux, que n'étoit le leur dans
le temps même qu'ils ſe trouvoient tous enſemble dans l'Iſle.

Il me dit encore qu'il avoit remarqué avec
étonnement, que les Anglois avoient plus
de préſence d'eſprit dans l'infortune, que
tout autre peuple qu'il eût jamais rencontré,
& que ſa Nation, & la Portugaiſe étoient les
gens du monde les plus malheureux, quand
il

il s'agiſſoit de lutter contre l'adverſité, puis qu'après avoir fait inutilement les efforts ordinaires pour ſe tirer du malheur, leur premier pas étoit toûjours le deſeſpoir ſous lequel ils reſtoient affaiſſez, ſans avoir la force d'eſprit, de former le moindre deſſein propre à mettre fin à leur infortune.

Je lui répondis, qu'il y avoit une grande difference entre leur cas, & le mien, puis qu'ils avoient été jettez à terre ſans aucune choſe néceſſaire pour ſubſiſter. Qu'en effet, mon malheur avoit été accompagné de ce deſavantage, que j'étois ſeul, mais qu'en récompenſe les ſecours que la Providence m'avoit mis entre les mains en pouſſant les débris du Vaiſſeau ſi près du rivage, auroit été capable de ranimer le courage de l'homme du monde le plus foible. *Seigneur*, repartit l'Eſpagnol, *ſi nous avions été dans vôtre ſituation, nous n'aurions jamais tiré du Vaiſſeau la moitié des choſes utiles que vous ſçûtes en tirer; nous n'aurions jamais eu l'eſprit de faire un radeau, pour les porter à terre, ou de le faire aborder à l'Iſle ſans voile & ſans rame. Nous ne nous en ſerions pas aviſez tous enſemble, bien loin qu'un ſeul d'entre nous eût été capable de l'entreprendre, & de l'exécuter.* Je le conjurai là-deſſus de mettre des bornes à ſes complimens, & de continuer le recit de leur débarquement dans l'endroit où ils avoient ſi mal paſſé leur tems. Il me dit que malheuſement ils étoient abordez dans une Iſle où il

y avoit du peuple, sans provisions, & que
s'ils avoient été assez sensez pour remettre en
mer, & d'aller vers une Isle peu éloignée de
là, ils auroient trouvé des provisions sans
habitans. Que les Espagnols de l'Isle de la
Trinité y ayant été fréquemment, n'avoient
rien négligé pour la remplir de boucs & de
cochons; que d'ailleurs les Tourterelles, &
les oiseaux de mer y étoient dans une si grande abondance, que s'ils n'y avoient pas trouvé du pain, du moins ils n'auroient jamais
pû manger de viande. Dans l'endroit où ils
avoient abordé au contraire, ils n'avoient eu
que quelques herbes, & quelques racines,
sans goût & sans suc, dont la charité des Sauvages les avoit pourvûs encore fort sobre-
ment, parce que ces bonnes gens n'étoient
pas en état de les nourir mieux à moins qu'ils
eussent voulu avoir part à leur festins de chair
humaine.

Les Espagnols me firent encore le récit de
tous les moyens qu'ils avoient employez pour
civiliser les Sauvages leurs bienfaicteurs, &
pour leur donner des sentimens, & des coûtumes plus raisonnables, que ceux qu'ils
avoient héritez de leurs Ancêtres; mais tous
leurs soins avoient été inutiles. Les Sauvages avoient trouvé fort étrange que des gens
qui étoient venus là, pour trouver dequoi
vivre, voulussent se donner les airs d'instruire ceux qui leur donnoient dequoi subsister;
selon eux il ne faloit se mêler de donner ses
idées

idées aux gens, que quand on pouvoit se passer d'eux.

Ils avoient été exposez souvent à de terribles extrêmitez, étant quelquefois absolument sans vivres. L'Isle où le malheur les avoit portez, étoit habitée par des Sauvages indolens, & par conséquent plus pauvres, & plus misérables, que d'autres Peuples de cette même partie du monde. En récompense ceux-ci étoient moins barbares, & moins cruels, que ceux qui étoient plus à leur aise.

Mes Espagnols trouvoient pourtant dans la triste situation où ils avoient été, une démonstration évidente de la sagesse, & de la bonté de cette Providence qui dirige les événemens. Car si animez par la misere & par la disette qui les accabloient, ils avoient cherché un païs plus abondant, cette précaution même les auroit détournez de la route de se délivrer par mon moyen.

Les Sauvages à ce qu'ils me raconterent encore, avoient voulu, pour prix de leur hospitalité, les conduire avec eux à la guerre. Il est vrai qu'ils avoient des armes à feu, & s'ils n'avoient pas eu le malheur de perdre leurs munitions, non seulement ils auroient été en état de rendre des services considérables à leurs Hôtes, mais encore de se faire respecter par leurs amis, & par les ennemis. Mais n'ayant ni poudre, ni plomb, obligez pourtant de suivre leurs bienfaicteurs dans

les

les combats, ils y étoient plus expofez, que
les Sauvages eux-mêmes. Ils n'avoient ni
arcs, ni fléches, & ils ne favoient pas faire
ufage de ces fortes d'armes, que leurs amis
auroient pû leur fournir. Ainfi ils étoient
forcez à refter dans l'inaction, en butte aux
dards des ennemis jufqu'à ce que les deux armées fe ferraffent de près. Alors effectivement ils étoient d'un grand fervice. Avec trois
hallebardes qu'ils avoient, & avec leurs moufquets, dans le canon defquels ils mettoient
des morceaux de bois pointus, au lieu de
bayonnettes, ils rompoient quelquefois des
bataillons entiers. Il ne laiffoit pas d'arriver
fouvent qu'environnez par une grande mul-
titude d'ennemis, ils ne fe fauvoient d'une
grêle de fléches, que par une efpece de miracle. Mais enfin ils avoient fçû fe garentir de
ce danger, en fe couvrant tout le corps de
larges boucliers de bois couverts de peaux de
certains animaux fauvages, dont ils ne fçavoient pas le nom. Un jour le malheur avoit
voulu pourtant, que cinq d'entr'eux avoient
été jettez à terre par les maffuës des Sauvages, ce qui avoit donné occafion à l'ennemi
d'en faire un prifonnier; c'étoit précifément
l'Efpagnol que j'avois eu la fatisfaction d'arracher à la cruauté de fes vainqueurs. Ses
Compagnons l'avoient crû mort dans le commencement; mais en aprenant qu'il avoit été
pris, ils auroient hazardé volontiers la vie
tous tant qu'ils étoient pour le délivrer.

Dans

. Dans le tems que ces Espagnols avoient
été terrassez, les autres les avoient renfermez
au milieu d'eux, sans les abandonner, jusqu'à ce qu'ils fussent revenus à eux-mêmes.
Alors faisant tous ensemble un petit bataillon,
ils s'étoient fait jour au travers de plus de
mille Sauvages, renversant tout ce qui s'opo-
soit à eux, & procurant à leurs amis une victoire entiere, mais peu satisfaisante pour eux-
mêmes par la perte de leur compagnon.

On peut juger par là, quelle avoit été leur
joye en revoyant leur ami, qu'ils avoient
cru devoré par la plus mauvaise espece d'a-
nimaux féroces, les Sauvages. Cette joye
étoit parvenuë au plus haut degré par la nouvelle, qu'il y avoit près de là un Chrétien assez humain pour former le dessein de finir
leur malheur, & capable de l'executer.

Ils me firent encore la description la plus
pathetique de la surprise que leur avoit donné le secours, que je leur avois envoyé ; le
pain sur toute chose qu'ils n'avoient pas vû
depuis tant d'années. Ils l'avoient beni, mille & mille fois, comme un aliment descendu
du Ciel, & en le goûtant ils y avoient trouvé
le plus restaurant de tous les Cordiaux. Plusieurs autres choses que je leur avois envo-
yées pour leur subsistance, leur avoient cau-
sé à peu près le même ravissement.

Mes Espagnols, en me faisant ce recit,
trouvoient des termes pour exprimer leurs
sentimens, mais ils n'en avoient point pour

donner une idée de la joye, qu'avoit exci-
tée dans leur ame la vûë d'une barque & de
Pilotes tous prêts à les tirer de cette Isle malheureuse, & à leur faire voir le lieu & la personne, desquels ce secours leur étoit venu. Ils
me dirent seulement que les extravagances,
où les avoit porté une délivrance si peu attenduë, n'avoient été guéres éloignées d'une véritable frénésie ; que leur passion, qui étouf-
foit presque toutes les facultez de leur ame,
s'étoit frayé plusieurs routes différentes, pour
éclater dans l'un d'une telle maniere, dans
l'autre d'une maniere toute opposée ; que les
uns s'étoient évanoüis, que les autres avoient
pleuré, & que quelques-uns étoient devenus
pour un tems absolument foux.

Ce Portrait me toucha beaucoup, & me
rapella les transports de *Vendredi* en rencon-
trant son pere, ceux des François qui s'étoient
sauvez à mon Bord de leur Navire embrazé ;
ceux de cet Equipage que mon secours avoit
empêché de mourir de faim, & sur tout la
maniere dont j'avois été saisi moi-même, en
quittant le Desert, dans lequel j'avois vécu
pendant vingt & huit ans. C'est ainsi que
d'ordinaire nous nous intéressons dans les
sentimens d'autrui à proportion que nous y
reconnoissons nos propres sentimens.

Ayant donné ainsi une idée de l'état où je
trouvai ma Colonie, il est tems que j'entre
dans le détail de ce que je fis pour elle, & de
la situation où je la laissai en sortant de l'Isle.

Ces

Ces gens étoient du sentiment aussi bien que
moi, qu'ils ne seroient plus importunez par
les visites des Sauvages, & que s'ils revenoient, ils étoient en état de les repousser,
quand ils seroient deux fois plus nombreux
qu'auparant. Ainsi il n'y avoit rien à craindre de ce côté-là. Un point plus important
que je traitai avec l'Espagnol, que j'apelle
Gouverneur, c'étoit leur demeure dans l'Isle.
Mon intention n'étoit pas d'en emmener un
seul avec moi : aussi n'étoit-il pas juste de faire
cette grace à quelques-uns, & de laisser là les
autres, qui auroient été au desespoir d'y rester, si je diminuois leur nombre.

Je leur dis donc à tous, que j'étois venu
pour les établir dans l'Isle, & non pour les en
faire sortir ; que dans ce dessein j'avois fait des
dépenses considérables, afin de les pourvoir
de tout ce qui étoit nécessaire pour leur subsistance, & pour leur sûreté. Que de plus je
leur menois des personnes non seulement propres à augmenter avantageusement leur nombre, mais encore à leur rendre de grands services, étant Artisans, & capables de faire
pour la Colonie mille choses nécessaires, qui
lui avoient manqué jusqu'ici.

Avant que de leur livrer tout ce que j'a-
vois aporté pour eux, je leur demandai à chacun, l'un après l'autre, s'ils avoient absolument banni de leur cœur leurs anciennes ani-
mositez, & s'ils vouloient bien se toucher
dans la main les uns aux autres, pour se pro-

mettre une amitié étroite, & un attachement
sincere pour l'intérêt commun de toute la
Societé.

Guillaume Atkins répondit d'une maniere
gaye & cordiale, qu'ils avoient eu assez de
malheurs pour devenir moderez, & assez de
discordes pour devenir amis. Que pour sa
part il promettoit de vivre & de mourir avec
les autres ; que bien loin de nourir quelque
haine contre les Espagnols, il avoüoit qu'il
avoit merité de reste tout ce qu'ils avoient fait
à son égard, & que s'il avoit été à leur place,
& eux dans la sienne, ils n'en auroient pas été
quittes à si bon marché. Qu'il étoit prêt à
leur demander pardon, s'ils le vouloient, de
ses folies & de ses brutalitez. Qu'il souhait-
toit leur amitié de tout son cœur, & qu'il ne
négligeroit aucune occasion de les en convaincre : qu'au reste il étoit content de ne pas revoir encore sa Patrie de vingt ans.

Pour les Espagnols, ils dirent qu'en effet ils
avoient dans le commencement desarmé, &
exilé Atkins & ses compagnons à cause de leur
mauvaise conduite, & qu'ils s'en raportoient
à moi, s'ils l'avoient fait sans raison. Mais
qu'Atkins avoit marqué tant de bravoure
dans la grande bataille contre les Sauvages,
& qu'ensuite il avoit donné tant de marques
de l'interêt, qu'il prenoit dans toute la Societé, qu'ils avoient oublié tout le passé, &
qu'ils le croyoient aussi digne d'être fourni
d'armes & de tout ce qui lui étoit nécessaire
que

que tout autre. Qu'ils avoient déja fait voir jufqu'à quel point ils étoient fatisfaits de lui, en lui confiant le Commandement fous leur Gouverneur. Qu'ils avoient une parfaite confiance en lui, & en tous fes Compatriotes, & qu'ils avoient parfaitement merité cette confiance par tout ce qui peut porter les hommes à fe fier les uns aux autres. Enfin, qu'ils embraffoient avec plaifir l'occafion de m'affurer, qu'ils n'auroient jamais d'autre interêt que celui de toute la Colonie.

Sur ces déclarations qui paroiffent pleines de franchife & d'amitié, je les priai tous à dîner pour le lendemain; & véritablement je leur donnai un repas magnifique. Pour le faire préparer, je fis venir à terre le Cuifinier du Vaiffeau & fon compagnon; & je leur donnai pour aide le fecond Cuifinier qui étoit dans l'Ifle. On aporta du Vaiffeau fix pieces de bœuf, & quatre de porc, une grande jatte de Porcelaine pour y faire du Punch, avec les ingrédiens néceffaires; dix bouteilles de vin rouge de Bourdeaux, & dix bouteilles de biere d'Angleterre. Tout cela fut d'autant plus agréable à mes Convives, qu'ils n'avoient tâté rien de pareil depuis bien des années.

Les Efpagnols ajoûterent à nos mets cinq chevreaux entiers, que les Cuifiniers firent rôtir, & dont on en envoya trois bien couverts dans le Vaiffeau, afin que l'Equipage fe régalât de viande fraîche, dans le tems que mes Infulaires feroient bonne chere des provifions falées du Vaiffeau. Après

Après avoir goûté avec eux tous les plaisirs innocens de la table, je fis porter à terre toute la Cargaison que j'avois destinée à mes gens, & pour empêcher qu'il n'y eût des disputes sur le partage, j'ordonnai que chacun prît une portion égale de tout ce qui devoit servir à les vétir pour lors. Je commençai par leur distribuer autant de toile qu'il leur en faloit pour avoir quatre chemises, & j'augmentai ensuite le nombre jusqu'à six, à l'instante priere des Espagnols. Rien au monde n'étoit capable de leur faire plus de plaisir; il y avoit si long-tems qu'ils n'en avoient porté, que l'idée même leur en étoit presque sortie de la mémoire.

Je destinai les étoffes minces d'Angleterre, dont j'ai parlé ci dessus, à leur en faire faire à chacun un habit en forme de fourreau; croyant cet habillement libre & peu serré le plus propre pour la chaleur du Climat. J'ordonnai en même tems qu'on leur en fit de nouveaux, dès que ceux-ci seroient usez. Je donnai à peu près les mêmes ordres, pour ce qui regardoit les escarpins, les souliers, les bas, & les chapeaux.

Il m'est impossible d'exprimer la joye & la satisfaction, qui éclatoient dans l'air de tous ces pauvres gens, en voyant le soin que j'avois pris de leur fournir tant de choses utiles & commodes. Ils me dirent que j'étois leur véritable pere, & que, tandis que dans un endroit si éloigné de leur Patrie, ils auroient

un Correspondant comme moi , ils oublie-
roient qu'ils étoient dans un defert. Là-deſſus
ils déclarerent tous, qu'ils s'engageoient à ne
jamais abandonner l'Iſle ſans mon conſentement.

Je leur preſentai enſuite les gens que j'avois
amenez avec moi , ſur tout le Tailleur , le Serrurier , les deux Charpentiers , & mon Arti-
ſan univerſel , qui leur étoit d'une plus grande utilité qu'aucune choſe au monde. Le
Tailleur , pour leur marquer le zele qu'il avoit
pour eux , ſe mit d'abord à travailler , &
avec ma permiſſion il commença par leur faire à chacun une chemiſe. En même-tems il
enſeigna aux femmes la maniere de manier
l'aiguille , de coudre & de piquer , & les employa même ſous lui à faire les chemiſes de
leurs maris & de tous les autres.

Pour les Charpentiers , il n'eſt par néceſſaire de dire de quelle utilité ils furent à ma
Colonie. Ils mirent d'abord en piéces tous
mes meubles groſſiers , & firent en leur place
en moins de rien des Tables fort propres ,
des Chaiſes , des Chalits , des Buffets , &c.

Pour leur faire voir de quelle maniere la
Nature a produit mes Artiſans , je menai
mes Charpentiers voir la maiſon d'Akins.
Ils m'avoüerent tous deux qu'ils n'avoient jamais vû un pareil exemple de l'induſtrie humaine : l'un des deux même après avoir rêvé
pendant quelque momens , ſe tournant de
mon côté : *En verité* , dit-il , *cet homme n'a*

pas

pas besoin de nous, il ne lui manque rien que
des outils.

Ce mot me fit souvenir de produire ceux
que j'avois aportez ; je distribuai à chaque
homme une béche, une pelle & un râteau,
afin de supléer par-là à la charuë, & à la
herfe. Je donnai encore à chaque petite Colonie à part, une pioche, un levier, une
grande hache & une scie, en leur permettant
d'en prendre de nouveaux du Magazin général, dès qu'ils seroient usez ou rompus.

Pour des clous, chevilles de fer, gonds,
marteaux, coûteaux, ciseaux, & je leur ordonnai d'en prendre à discretion ; étant persuadé qu'ils ne consulteroient là-dessus que
leurs besoins, & qu'ils ne seroient jamais assez extravagans pour les gâter, ou pour les
rompre de propos déliberé.

Le Magazin d'armes & de munitions que
je leur aportois, étoit si abondant, qu'ils ne
pouvoient qu'en être charmez. Ils étoient
alors en état de marcher comme je faisois
autrefois, chaque épaule chargée d'un fusil
& de résister à un millier de Sauvages, pour
peu qu'ils fussent aidez par l'avantage du
terrain, dont ils étoient toûjours les maîtres.

J'avois mené avec moi à terre le jeune homme, dont la mere étoit morte de faim, &
la servante aussi. C'étoit une jeune fille douce, bien élevée, & pieuse ; & sa conduite
charmoit tout le monde. Elle avoit vécu
sans beaucoup d'agrément dans le Vaisseau

où

où il n'y avoit point d'autre femme qu'elle,
mais elle s'étoit soumise à son sort avec beaucoup de résignation. Quand elle vit l'ordre
qui regnoit dans mon Isle, & l'air florissant
qui y éclatoit par tout, considérant qu'elle
n'avoit aucune affaire dans les Indes Orientales, elle me pria de la laisser dans l'Isle, &
de l'agréger comme un membre de ma famille. Le jeune homme me fit la même priere,
& j'y consentis avec plaisir. Je leur donnai
un petit terrain, où on leur fit trois Tentes,
entourrées d'ouvrages de Vannier, construi-
tes à la maniere de la maison d'Atkins.

Ces Tentes étoient liées ensemble d'une
telle manière, que chacun avoit son apartement, & que celle du milieu pouvoit servir
de Magazin & de salle à manger pour l'usage
de l'un & de l'autre. Les deux Anglois trouverent à propos de changer de demeure, &
d'aprocher davantage de ces nouveaux venus.
C'est ainsi que l'Isle resta toûjours partagée
en trois Colonies.

Les Espagnols avec le Pere de *Vendredi* &
les premiers Esclaves, étoient toûjours dans
mon vieux Château sous la colline, lequel
devoit passer pour la Capitale de mon Empire à fort juste titre. Ils l'avoient tellement étendu, qu'ils y pouvoient vivre fort
au large, quoi qu'entierement cachez; &
je suis sûr qu'il n'y eut jamais au monde une
petite Ville dans un bois si parfaitement à l'a-
bri toute insulte. Mille hommes auroient

parcouru toute l'Isle pendant un mois entier
sans la trouver, à moins que d'être avertis,
qu'elle y étoit réellement. Les arbres qui l'en-
touroient étoient si serrez, & leurs branches
étoient tellement entrelassées les unes dans les
autres, qu'il auroit falu les abattre pour voir
le Château: d'ailleurs il étoit presque impossible de découvrir les deux petits chemins,
par lesquels les habitans eux-mêmes entroient
& sortoient. L'un étoit tout au haut de la
petite Baye, à plus de deux cens verges derriere l'habitation. L'autre encore plus caché
menoit par dessus la colline, par le moyen
d'une échelle, comme je l'ai déja dit plus
d'une fois. Ils avoient planté encore au-dessus de la colline un bois fort épais d'un Acre
d'étenduë, où il n'y avoit pas la moindre ouverture, excepté une fort petite entre deux
arbres, par laquelle on entroit de ce côté-là.

La seconde Colonie étoit celle de Guillaume Atkins, de son Compagnon, & de la
famille de leur camarade défunt, du jeune
homme & de la servante. Dans celle-là demeuroient encore les deux Charpentiers, &
le Serrurier qui étoit d'autant plus utile à
tous les Habitans, qu'il étoit encore bon Ar-
murier, & capable par conséquent de tenir
toûjours en bon état les armes à feu. Ils
avoient avec eux mon Artisan universel, qui
valoit vingt autres Ouvriers lui seul. Ce
n'étoit pas non seulement un garçon fort industrieux, mais encore fort gai & divertissant

fant ; en forte qu'on trouvoit chez lui l'agréable & l'utile. Avant que de fortir de mon Royaume, j'eus la fatisfaction de le marier avec la Servante qui étoit une fille de merite. Enfin la troifiéme Colonie étoit celle des deux Anglois honnêtes gens.

A propos de Mariage, je ne dois pas négliger de raporter ici les converfations que j'eus dans l'Ifle avec mon Religieux François fur les Mariages peu cérémoniels des Anglois.

Il eft certain que c'étoit un Catholique Romain, & il eft à craindre que je ne choque les proteftans, en parlant avantageufement de fon Caractere & de fa pieté. Non feulement c'étoit un Papifte, mais un Prêtre, & un Prêtre François. Ces qualitez pourtant ne doivent pas m'empêcher de lui rendre juftice, c'étoit un homme fobre, grave, & du côté de la Morale, véritablement Chrétien. Sa charité étoit exemplaire, & toute fa conduite propre à fervir de modéle aux gens de bien. Perfonne ne doit trouver à redire, je croi, aux éloges que je lui donne malgré fa Profeffion, & fes principes, fur lefquels il fe trompoit à mon avis, & peut-être encore au fentiment de plufieurs de mes Lecteurs.

La premiere converfation que j'eus avec lui, après qu'il eût confenti à me fuivre dans les Indes, me plût extraordinairement. La Religion en étoit le fujet, & il m'en parla

avec

avec toute la modération & la politesse imaginable.

Monsieur, me dit-il, en faisant le signe
de la Croix, *vous ne m'avez pas seulement
sauvé la vie par la bénédiction du Ciel ; mais
vous m'avez permis encore de faire ce voyage
avec vous. Vous avez été assez obligeant,
pour me considérer comme vôtre ami, & pour
me permettre de vous parler avec franchise.
Vous voyez par mon habit de quelle Religion
je suis, & je puis deviner la vôtre par vôtre
Patrie. Mon devoir est sans doute de faire en
toute occasion tous les efforts possibles pour porter les hommes dans le sein de l'Eglise Catholique, & de leur donner la connoissance de la Religion, que je crois la seule véritable. Mais comme je me considère ici comme un de vos dome-
ques, vos bienfaits, les règles de la Civilité &
la justice même me forcent à ne rien faire sans
vôtre permission. Ainsi, Monsieur, je ne prendrai jamais la liberté d'entrer en dispute sur
quelque point de Religion, touchant lequel nous
n'. .ons pas les mêmes sentimens, à moins que
vous ne le trouviez à propos.*

Je lui répondis que je trouvois dans sa
conduite autant de prudence, que de modération, qu'il étoit vrai que j'étois de ceux
qu'on traite d'Heretiques dans son Eglise,
mais qu'il n'étoit pas le premier Catholique
Romain, avec lequel j'avois lié conversation, sans m'emporter à ces transports de
zele, qui ne peuvent que rendre ces sortes
d'en-

d'entretiens groſſiers & inutiles ; qu'il pouvoit être perſuadé , que ſes ſentimens n'alté-
reroient jamais rien dans l'eſtime que ſes bonnes qualitez m'avoient données pour lui ,
& que s'il arrivoit , que nos converſations
ſur ces ſortes de matieres produiſiſſent quelque mécontentement , j'aurois ſoin que ce
ne fut pas ma faute.

Il me répartit , que ſelon lui il étoit aiſé
de bannir la diſpute de toutes nos converſations , que ce n'étoit pas ſon affaire de vouloir convertir ceux avec qui il parloit , &
qu'il me prioit de le conſidérer dans nos entretiens plûtôt comme un honnête homme
que comme un Religieux. Que ſi je voulois
lui permettre quelquefois de deviſer avec
moi ſur des matieres de Religion , il le feroit
très volontiers , & qu'alors il étoit perſuadé
que je ſouffrirois avec plaiſir , qu'il défen-
dît ſes opinions le mieux qu'il lui ſeroit poſſible. Mais que ſans mon conſentement il ne
tourneroit jamais la converſation de ce côté-là.

Il me dit encore , qu'il étoit réſolu de ne
rien négliger , & en qualité de Prêtre , & en
qualité de ſimple Chrétien , de tout ce qu'il
pouroit contribuer à l'utilité de l'Equipage ,
& à l'intérêt général du Vaiſſeau , & que
s'il ne pouvoit pas prier peut-être avec nous ,
ni nous avec lui , il auroit du moins la conſolation de prier pour nous , dans toutes ſortes
d'occaſions .

C'é-

C'étoit-là le tour de nos entretiens ordinaires, & je trouvois dans ce Religieux non-
seulement un homme bien élevé, mais encore un cœur bien placé, & si j'ose le dire,
du bon sens, & une grande érudition.

Il me fit un recit très divertissant de sa vie,
& des évenemens extraordinaires dont elle
avoit été comme *tissuë*. Parmi les avantures
nombreuses, qu'il avoit eûës pendant le peu
d'années qu'il avoit employées à voyager, la
plus remarquable à mon avis étoit sa derniere
course, dans laquelle il avoit été forcé cinq
fois de changer de Vaisseau, sans que jamais
aucun des cinq fût parvenu à l'endroit, pour
lequel il avoit été destiné.

Son premier dessein avoit été d'aller à la
Martinique, & il s'étoit embarqué à Saint
Malo, dans un Vaisseau prêt à faire ce voyage. Mais forcé par les mauvais tems d'entrer
dans le Tage, le Navire avoit donné contre
un banc, & l'on avoit été obligé d'en ôter
toute la Cargaison. Dans cet embarras il
avoit trouvé un Vaisseau prêt à faire voile
pour les Isles Maderes. Il s'y étoit embarqué,
mais le maître n'étant pas un fort excellent
Marinier, & s'étant trompé dans son estime,
avoit laissé dériver son Navire jusqu'à Fial,
où par un heureux hazard il avoit trouvé une
bonne occasion de se défaire de sa Marchan-
dise, qui consistoit en grain. Ce bonheur l'a-
voit fait résoudre à ne point aller aux Maderes, mais à charger du Sel dans l'Isle de May,
&

& à s'en aller de - là ver Terre - Neuve.

Dans cette conjoncture mon Religieux n'avoit pû que suivre la destinée du Vaisseau & le voyage avoit été heureux jusqu'aux Bancs, où l'on preud le Poisson. Rencontrant-là un Vaisseau François, destiné pour Quebec dans la Riviere de Canada, & de-là pour la Martinique, pour y aporter des vivres, il avoit crû trouver l'occasion d'exécuter son premier dessein. Mais après être arrivé à Quebec, le Maître du Vaisseau étoit mort, & le Vaisseau n'étoit pas allé plus loin. Se voyant traversé de cette maniere, il s'étoit mis dans le Vaisseau destiné pour la France, qui avoit été consumé en pleine Mer & nous l'avions reçû à Bord d'un Vaisseau destiné pour les Indes Orientales. C'est ainsi qu'il avoit échoüé tout de suite en cinq voyages, qui étoient, pour ainsi dire, les parties d'une seule course, sans parler de ce qui lui arriva encore dans la suite.

Pour ne pas faire de trop longues digressions sur les avantures d'autrui, qui n'ont point de relation avec les miennes, je reviens à ce qui se passa dans mon Isle, par le moyen de mon Religieux. Comme il étoit logé avec nous pendant tout le temps que je fus dans l'Isle, il me vint voir un matin que j'avois résolu d'aller visiter la Colonie des Anglois, qui étoit dans l'endroit le plus éloigné de l'Isle. Il me dit avec beaucoup de gravité, que depuis quelques jours il avoit attendu

avec

avec impatience l'occasion de m'entretenir,
esperant que ce qu'il avoit à me dire ne me
déplairoit pas, parce qu'il tendoit à mon
dessein général, la prosperité de ma Colonie,
& pouroit y attirer les bénédictions du Ciel,
dont jusqu'ici elle ne joüissoit pas autant
qu'il l'auroit souhaité.

Surpris de la fin de son discours, je lui répondis d'une maniere assez précipitée :
» Comment pouvez vous avancer, Monsieur,
» que nous ne joüissons pas des bénédictions
» du Ciel, nous à qui il a accordé des secours
» si merveilleux, & une délivrance si peu at-
» tenduë, comme vous avez pû voir par le
» recit que je vous en ai fait.

S'il vous avoit plû, me repliqua-t'il, d'une
maniere aussi prompte que modeste, *d'attendre la fin de mon discours, vous n'auriez point
eu lieu de vous fâcher contre moi, & de me croire assez aépourvû de sens, pour douter de l'af-
sistance miraculeuse dont Dieu vous a favorisé.
J'espere par raport à vous que vous êtes en état
de joüir des faveurs du ciel, parce qu'effectivement vôtre dessein est extrêmement bon ; mais
quand il seroit encore meilleur, il peut y en
avoir parmi vos gens dont les actions n'ont pas
la même pureté. Vous sçavez que dans l'Histoire des Enfans d'Israël, un seul Achan éloi-
gna la bénédiction de Dieu de tout le peuple, &
l'irrita tellement, que trente-six Israëlites,
quoi qu'ils n'eussent point de part dans le crime,
furent l'objet de la colere, & de la vengeance
Divine.*   Son

Son difcours me toucha fort, & je lui dis,
que fon raifonnement étoit fi jufte, & que
fon deffein me paroiffoit fi fincere, & fi plein
de pieté, que mortifié de l'avoir interrompu
je ne pouvois que le prier de vouloir bien
continuer; perfuadé, que ce qu'il avoit à
me dire, demandoit quelque tems, je l'a-
vertis de mon intention d'aller voir les plantations des Anglois, & je lui propofai de
m'y accompagner, & de m'expliquer fes
vûës en chemin faifant. Il me répondit,
qu'il y confentoit avec d'autant plus de plaifir, que ce qu'il avoit à me dire regardoit ces
mêmes Anglois. Là-deffus nous nous mîmes
en chemin, & je le conjurai de me parler
avec toute la franchife poffible.

*Avant que d'en venir à mon fujet, me dit-
il, vous me permettrez bien, Monfieur, de pa-
fer ici quelques principes comme la baze de tout
mon difcours. Quoique nous différions dans quelques fentimens particuliers; tout ce que j'ai à
vous dire feroit fans fruit, fi nous ne nous ac-
cordions point dans les Principes généraux.
Je fçai bien que malheureufement nous n'admettons pas tous les mêmes Dogmes, dans le cas
même dont il s'agit; mais il eft certain que
nous ne pouvons que tomber d'accord de certaines véritez primitives. Nous croyons l'un
& l'autre qu'il y a un Dieu, & que ce Dieu
nous ayant donné des régles, pour y conformer
nôtre culte & nôtre conduite, nous ne devons
pas nous hazarder de propos deliberé à l'offen-*
fer,

ser, en négligeant ce qu'il nous commande, ou en faisant ce qu'il nous défend. D'ailleurs, quels que soient les points particuliers de nos Religions, nous admettons tous comme une verité incontestable, que d'ordinaire la bénédiction du Ciel ne suit point la transgression volontaire & audacieuse de ses Loix. Tout bon Chrétien, par conséquent, est obligé de faire tous ses effors pour tirer de leur létargie criminelle tous ceux qui vivent sans se mettre en peine de connoître Dieu & ses Loix. Vos Anglois sont Protestans, mais quoi que je sois Catholique, leurs opinions différentes des miennes ne me déchargent pas du soin que je dois avoir de leurs ames, & je suis obligé en conscience de ne rien épargner, pour les faire vivre, aussi éloignez qu'il est possible, d'une inimitié ouverte avec leur Créateur, sur tout si vous me permettez de me mêler d'une affaire qui vous regarde directement.

Il me fut impossible jusques-là de deviner son but ; je ne laissai pas pourtant de lui accorder ses principes, de le remercier de l'interet, qu'il vouloit bien prendre en ce qui nous regardoit, & de le prier d'entrer dans un plus grand détail, afin que je puisse, comme un autre Josué, éloigner de nous la chose maudite.

Eh bien, Monsieur, dit-il, je prendrai donc la liberté que vous voulez bien me donner. Il y a ici trois choses, ce me semble, qui doivent mettre une barriere entre vos efforts, & les benedictions du Ciel, & que je voudrois voir éloignées

gnées pour l'amour de vous , & de vos sujets.
Je suis sûr , Monsieur , que vous serez de mon
sentiment , dès que je les aurai nommées , sur
tout quand je vous aurai convaincu , qu'il est
aisé de venir à bout de tous ces obstacles , à vôtre grande satisfaction. Premierement , Monsieur , continua-t'il , vous avez ici quatre Anglois, qui se sont cherchez des femmes parmi les
Sauvages , & qui en ont eu plusieurs enfans,
sans s'être mariez selon les Loix de Dieu , &
des hommes. Par conséquent ils doivent être re-
sidérez comme vivant jusqu'ici dans l'impure-
té. Vous me répondrez , Monsieur , que dans
cette occasion, il n'y avoit aucun Ecclesiastique,
pour présider à la cérémonie requise pour un
Mariage légitime , & qu'il n'y avoit pas même
de l'encre , du papier & des plumes , pour dresser un Contrat de Mariage, & pour le signer, je
suis instruit même , de ce que le Gouverneur
Espagnol vous a raconté des conditions sous
lesquelles il a permis que cette liaison se soit faite. Mais la précaution qu'il a prise de les faire
choisir , & de les obliger à s'en tenir chacun à
une seule & même femme, n'établit point un
Mariage légitime , puisque le consentement des
femmes n'y est point entré, & que les hommes
se sont accordez se ²ment pour éviter les inimi-
tiez , & les querelles.

D'ailleurs l'essence du Mariage, poursuivit-
il , ne consiste pas seulement, dans le consentement mutuel de l'homme & de la femme, mais
encore dans une obligation formelle & légale,

qui

qui force l'une & l'autre des parties contractan-
tes, à se reconnoître toûjours dans la qualité
d'Epoux, & d'Epouse. Elle engage l'homme
à s'abstenir de toute autre femme, tandis que le
premier Contract subsiste, & de pourvoir la
sienne, aussi bien que ses Enfans, de tout ce
qui est nécessaire, autant que ses facultez peuvent le permettre. Ce Contract oblige la femme
à remplir de son côté, les mêmes, ou de semblables conditions.

Pour les hommes en question, rien ne les empêche de se servir de la premiere occasion pour
abandonner leurs femmes & leurs enfans, pour
les laisser dans la misere, & pour en épouser
d'autres. Peut on dire, Monsieur, continua-
t'il avec quelque chaleur, que la gloire de
Dieu ne souffre pas d'une liberté si peu
legitime ? Croyez vous, que tant que cette
licence subsiste, la bénédiction du Ciel accompa-
gnera vos efforts, quelques bons qu'ils puissent
être en eux mêmes, & dans vôtre intention ?
N'est il pas toûjours certain que ces gens qui
sont vos Sujets, & entierement soûmis à vôtre
volonté, vivent par vôtre permission dans une
fornication ouverte.

J'avouë que je fus frapé de la chose, dès
que les argumens de mon Religieux m'eurent ouvert les yeux sur son énormité ; je
compris d'abord qu'il auroit été aisé de la
prévenir, malgré l'absence de toute personne
Ecclésiastique. Il ne s'agissoit que de faire de
vive voix un Contract, devant des témoins,
de

de le confirmer par quelque figne, dont on auroit pû convenir unanimement, & d'engager & les hommes & les femmes, à ne s'abandonner jamais, & à veiller conjoincte ment fur leurs enfans communs, & aux yeux de Dieu ç'auroit été fans doute un mariage légitime ; par conféquent il y avoit eu une négligence impardonnable, à ne pas fonger à un expédient fi facile.

Je crus fermer la bouche à mon jeune Prêtre, en lui difant, que tout cela s'étoit paffé pendant mon abfence, & que ces gens avoient déja vécu fi long-tems enfemble, que fi leur liaifon mutuelle ne méritoit que le nom de Fornication, la chofe étoit fans remede.

Je vous demande pardon de ma franchife, me repliqua-t'il ; je vois bien que vous avez raifon de foûtenir que vous ne fauriez être coupable de tout ce qui s'eft fait ici pendant vôtre abfence ; mais ne vous flâtez pas, je vous prie, de ne point être dans une obligation abfoluë de reformer tout ce qu'il y a d'indécent & d'illégitime. Que le paffé foit imputé, à qui il vous plaira tout ce qu'il y aura de défeftueux pour le futur fera à vôtre charge, parce que vous êtes le maître, & vous êtes le maître vous feul de mettre fin à tout ce qu'il y a de criminel dans cette affaire.

J'avouë à ma honte que je fus affez ftupide pour ne pas encore comprendre mon Religieux, & pour s'imaginer que fon deffein

fein étoit de m'obliger à les feparer , & je lui
répondis , que fi je prenois de pareilles me-
fures , ce feroit le vrai moyen de bouleverfer
toute la Colonie.

*Non non , Monfieur , me repartit-il, éton-
né de ma méprife , mon deßein n'eß pas que
vous feparieℤ ces couples ; mais que vous les
faßieℤ époufer légitimement , & puis qn'il feroit
difficile de leur faire goûter ma maniere de les
marier , quoique valable felon les ' `x de vôtre
patrie , je vous crois qualifié deu. ⋅` Dieu , &,
devant les hommes , pour vous en acquiter
vous-même , par un Contraɛt écrit figné par
les hommes , & par les femmes , devant tous
les témoins qui peuvent fe trouver dans l'Ifle.
Je ne doute pas qu'un pareil mariage ne paßât
pour légitime chez tous les Peuples de l'Europe.*

J'étois furpris de trouver dans fon difcours tant de véritable pieté , un zele fi fincere , & une impartialité fi généreufe pour
les intérêts de fon Eglife , enfin une fi grande ardeur pour le falut de ces perfonnes,
qu'il ne connoiffoit pas feulement , bien loin
d'avoir la moindre relation avec elles. Je puis
dire que je n'ai jamais vû une charité plus
grande , & plus délicate. Prétant fur tout
attention à ce qu'il avoit dit touchant l'expédient de les marier moi-même , dont je
connoiffois toute la validité , je lui dis que
je tombois d'accord de tout ce qu'il venoit de
dire , que je le remerciois de fa charité généreufe , & que je ferois la propofition de
cette

cette affaire à mes Anglois. Mais que je ne voyois pas qu'ils dûſſent trouver le moindre ſcrupule, à ſe faire marier par lui-même, ſçachant que la choſe ſeroit auſſi valable en Angleterre, que s'ils étoient mariez par un Prêtre Anglican. On verra dans la ſuite comment ſe paſſa toute cette affaire.

Je le preſſai enſuite de m'expliquer ſon ſecond Grief, en le remerciant de mon mieux, ſur les lumieres, qu'il m'avoit données, ſur le premier Article.

Il me dit qu'il le feroit avec la même candeur, perſuadé que je ne le trouverois pas mauvais.

Cette ſeconde cenſure avoit pour objet la négligence inexcuſable des Anglois, qui ayant vécu avec leurs femmes l'eſpace de ſept années, leur ayant enſeigné à parler & à lire l'Anglois, & leur voyant de la pénétration & du jugement, n'avoient pas ſongé à leur toucher un mot de la Religion Chrétienne, de l'exiſtence d'un ſeul Dieu, & de la maniere de le ſervir, bien loin de les en inſtruire à fond, & de les deſabuſer de la groſſiere abſurdité de leur Idolâtrie.

Il traita cette négligence de crime atroce, dont non-ſeulement ils auroient à rendre compte devant le tribunal de Dieu, mais que peut-être par une juſte punition ils ne trouveroient plus occaſion de réparer ; Dieu leur pouvant attacher ces femmes, dont, pour ainſi dire, il leur avoit commis le ſalut.

Je

Je suis persuadé, continua-t-il avec beaucoup de ferveur, *que s'ils avoient été obligez de vivre parmi les Sauvages, d'entre lesquels ils ont tiré leurs femmes, ces Idolâtres auroient pris plus de peines, pour les engager dans le culte du diable, qu'ils n'en ont prises pour donner à leurs Prisonniers la connoissance de Dieu. Quoique nous ne soyons pas de la même Religion, Monsieur*, poursuivit-il, *cependant en qualité de Chrétiens, nous devons être ravis de voir les Esclaves du démon instruits des principis généraux du Christianisme, de les voir admettre un Dieu, un Rédempteur, une résurrection & une vie à venir ; dogmes où nous souscrivons tous. Ils seroient du moins alors plus près de la véritable Eglise, qu'à present, qu'ils font une profession ouverte de l'Idolâtrie, & du culte du diable.*

Ne pouvant plus résister à la tendresse, que la vertu éclairée de cet honnête homme m'inspiroit pour lui ; je le serrai entre mes „ bras avec passion. „ Combien n'ai-je pas „ été éloigné, *lui dis je*, de bien connoître „ ce qu'il y a de plus essentiel, dans les ver- „ tus Chrétiennes, qui consistent à aimer „ l'Eglise de Jesus-Christ, & le salut du pro- „ chain. En verité j'ai ignoré jusqu'ici le ca- ractere d'un vrai Chrétien. „ *Ne parlez pas ainsi, mon cher Monsieur*, me répondit-il, *vous n'êtes point coupable de toutes ces négli-* „ *gences.* „ Il est vrai, *repliquai je* mais je „ n'ai pas pris ces sortes de choses à cœur,

com-

comme vous. ,, *Il est tems encore de remédier à tous ces inconviniens*, repartit-il, *ne soyez pas si promt à vous condamner vous même.* ,, Mais que ferai-je? *lui dis je*, vous sçavez, ,, que mon départ ne sçauroit être differé. ,, Eh bien, me répondit-il, *voulez-vous me permettre de parler à ces pauvres gens?* ,, De tout mon cœur, *lui dis-je*, & je ne né-"gligerai rien pour appuyer de mon auto-"rité, tout ce que vous leur direz. "*Par raport à cela*, repliqua-t'il, *nous devons les abandonner à la grace de Jesus Christ. Nòtre devoir se borne à les instruire, à les exhorter, à les encourager; si vous voulez bien me laisser faire, & si le Ciel daigne benir mes foibles efforts, je ne desespere pas de porter ces ames ignorantes dans le sein du Christianisme, & de leur faire embrasser les articles fondamentaux, dont nous convenons tous; j'espere même d'y réüssir, pendant que vous serez encore dans l'Isle.*

Je le priai alors de passer au troisiéme article, sur lequel il s'étoit offert de m'éclaircir. *Cet article est de la même nature*, me dit-il, *Il s'agit de vos pauvres Sauvages, qui sont devenus vos Sujets, pour ainsi dire, par le droit de la guerre. C'est une maxime, qui devroit être reçüe de tous les Chrétiens, de quelque Secte qu'ils puissent être, que la connoissance de nòtre Sainte Religion doit être étendüe, par tous les moyens possibles, & dans toutes es occasions imaginables.*

Tome LII.   Q   *C'est*

C'eſt ſur ce Principe, que nôtre Egliſe en-
voye des Miſſionaires, dans la Perſe, les Indes, la Chine, & que nos Prélats même s'en-
gagent à des voyages dangereux, & à demeurer parmi des Barbares, & des meurtriers,
pour leur donner la connoiſſance de Dieu, &
pour les porter dans le ſein de l'Egliſe Chrétienne. Vous avez ici toute prête l'occaſion d'une
pareille charité ; vous pouvez détourner de
l'Idolâtrie trente-ſix ou trente-ſept pauvres
Sauvages, & les conduire à la connoiſſance de
Dieu leur Créateur, & leur Rédempteur. Pou-
riez-vous négliger un pareil moyen d'exercer
vôtre pieté, & de faire une bonne œuvre, qui
vaut la peine qu'un Chrétien y employe tout le
temps de ſa vie.

Ces paroles me rendoient muet d'étonnement, & j'étois charmé, de voir devant
mes yeux, un véritable modéle du zele Chrétien, quels que puſſent être les ſentimens
particuliers de cet homme de bien. J'avoüe
que jamais pareille penſée ne m'étoit venuë
dans l'eſprit, & ſans lui j'aurois été peut-être
incapable toute ma vie, d'en avoir de ſem-
blables. Je regardois ces Sauvages comme de
vils eſclaves, dont nous aurions pû nous ſervir en cette qualité, ſi nous avions eu dequoi
les employer, & dont faute de cela, nous
ne devions ſonger qu'à nous défaire, en les
tranſportant ailleurs, quand ils n'auroient
jamais revû leur patrie.

La confuſion de mes penſées durant long-
temps

temps, fans que je fuffe en état de répondre un mot à fon difcours, il remarqua mon defordre, & me regardant d'un air férieux, *Je fero's au defefpoir*, me dit-il, *d'avoir lâché la moindre expreffion qui pût vous offenfer.* " Effectivement, *lui répondis-je*, je fuis en co- " lere, mais c'eft contre moi-même. Je fuis " confus de n'avoir jamais formé quelque " idée là-deffus, & de ne fçavoir pas à quoi " pourra fervir la notion, que vous m'en " donnez à prefent.

Vous fçavez, *continuai-je*, dans quel- " les circonftances je me trouve. Le vaiffeau, " dans lequel je fuis, eft deftiné pour les In- " des. Il eft équipé par des Marchands parti- " culiers, & ce feroit une injuftice criante " de l'arrêter plus long-tems ici, fçachant " que les provifions que confume l'Équipa- " ge, & les gages qu'il tire jettent les Mar- " chands dans des dépenfes inutiles. Il eft " vrai que j'ai accordé, de pouvoir demeu- " rer douze jours ici, & fi j'y demeure plus " long-tems de payer trois livres fterling par " jour. Il ne m'eft point permis même d'al- " longer de cette maniere là mon fejour dans " l'Ifle, que de huit jours. Il m'eft impoffi- " ble par conféquent d'entreprendre un def- " fein fi loüable, à moins que de fouffrir, " qu'on me laiffe de nouveau dans l'Ifle, & " de m'expofer, fi le vaiffeau réüffit mal dans " le voyage à refter ici toute ma vie à peu " près dans le même état, dont la Provi- "

Q 2

" den-

» dence m'a tiré d'une maniere si miracu-
» leuse.

Il m'avoüa, qu'il m'en couteroît beaucoup, si je voulois executer cette entreprise,
mais il s'en raportoit à ma conscience, si le
salut d'un si grand nombre d'ames ne val-
loit pas la peine, que j'y hazardasse tout ce
que j'avois dans le monde. N'ayant pas le
cœur aussi touché de cette verité, que lui,
» je conviens, Monsieur, *lui dis je*, que
» c'est quelque chose de très glorieux, d'être
» un instrument dans la main de Dieu, pour
» convertir trente sept Payens à la connois-
» sance de Jesus-Christ. Mais vous êtes un
» Ecclesiastique, vôtre vocation particuliere
» vous porte naturellement de ce côté-là, &
» je m'étonne, qu'au lieu de m'y exhorter,
» vous ne songiez pas vous-même à l'entre-
» prendre.

A ce discours il s'arrêta tout court, se
plaça devant moi & me faisant une profonde
révérence, *je rends graces à Dieu, & à vous,*
Monsieur, me dit-il, *de me donner pour un*
œuvre si excellente une vocation si manifeste. Si
vous croyez être dispensé d'y mettre la main par
la situation où vous vous trouvez, & si vous
voulez bien vous en fier à moi, je m'y mettrai
avec la plus grande satisfaction, & je me croi-
rai dédommagé de tous les malheurs de mon
triste voyage, en me voyant employé dans un
dessein si glorieux.

Pendant qu'il disoit ces choses je découvrois

vrois dans l'air de son visage une espece d'ex-
taze ; ses yeux brilloient d'un feu nouveau ,
ses jouës étoient rouges , & cette couleur alloit & venoit, comme on le voit arriver à un
homme agité par différentes passions. Je me
tus pendant quelque-tems , faute de trouver
des termes propres à exprimer mes sentimens , j'étois extraordinairement surpris de
voir dans un homme tant de zele , & tant de
candeur , & un zele qui s'élevoit si fort au-
dessus de la sphere du zele ordinaire des gens
de sa profession , & même de tous les autres
Chrétiens.

Après avoir rêvé quelque-tems je lui demandai sérieusement , s'il parloit tout de
bon , & s'il étoit réellement résolu de s'en-
fermer dans ce desert pour le reste de sa vie ;
peut-être , uniquement pour entreprendre
la conversion de cès gens , & s'il étoit capable de s'y hazarder , sans aucune esperance
certaine de réüssir dans cette entreprise.

Qu'apellez vous se hazarder, me repliqua-
t'il vivement ? *dites moi, je vous prie dans
quelle vûë croyez vous que j'aye pris la résolution de vous suivre dans les Indes ?* » Je n'en «
sçai rien, *lui dis je*, à moins que ce ne «
soit pour aller prêcher l'Evangile aux In- «
diens. *Vous devinez juste*, me répondit-il ,
*& si je puis convertir ces trente-sept hommes
à la foi de Christ, pensez-vous que je n'aurai
pas bien emblové mon tems , quand je devrois
être enterré ici ? Le Salut de tant d'ames ne*

vaut pas feulement toute ma vie, mais encore celles de vingt autres de ma profeffion Oüi, oüi, Monfieur, je benirois toûjours Jefus-Chrift & la fainte Vierge fi je pouvois être le moindre inftrument du falut de tant d'ames, quand je ne devrois jamais revoir ma patrie. Mais puifque vous voulez me faire l'honneur de m'employer dans ce faint Ouvrage, ce qui me portera à prier pour vous tous les jours de vie, j'efpere que vous ne me refuferez pas une feule grace, que je vous demanderai, c'eft de me laiffer Vendredi, afin de me feconder, & de me fervir d'Interprête, car vous fçavez que fans un pareil fecours il m'eft impoffible d'entrer en converfation avec ces pauvres gens.

Je fus fort troublé à cette demande, ne pouvant pas me réfoudre à me féparer de ce fidéle domeftique pour plufieurs raifons. Il avoit été mon compagnon dans tous mes voyages, non feulement il étoit plein de franchife, mais il m'aimoit avec toute la tendreffe poffible, & j'avois réfolu de faire quelque chofe de confidérable pour fa fortune, s'il me furvivoit, ce qui étoit fort aparent. D'ailleurs comme je lui avois fait em-braffer la Religion Proteftante, il auroit cou-ru rifque de ne fçavoir plus à quoi s'en tenir, fi l'on avoit tâché de lui donner d'autres idées. Bien perfuadé que quelque chofe qu'on pût lui dire, il ne fe mettroit jamais dans l'ef-prit, que fon bon Maître étoit un Héréti-

_que,

que, & devoit être damné. De nouvelles instructions auroient pû être le vrai moyen de
le faire renoncer à ses principes, & de le rejetter dans l'Idolâtrie.

Une pensée, qui me vint tout d'un coup,
me tranquilisa ; je déclarai à mon Religieux,
que je ne pouvois pas dire avec sincerité, que
j'étois prêt à me défaire de *Vendredi*, par
quelque motif que ce pût être, quoique naturellement je ne dusse pas me faire une affaire de sacrifier un domestique à cette charité à laquelle il sacrifioit sa vie même ; que
ce qui m'en détournoit le plus étoit la persua-
sion, que *Vendredi* ne consentiroit jamais à
me quitter, & que je ne pouvois pas l'y for-
cer sans une injustice criante, puis qu'il y
auroit une dureté affreuse à éloigner de moi
un homme, qui avoit bien voulu s'engager solemnellement à ne m'abandonner jamais.

Cette réponse l'embarassa fort ; il lui étoit
impossible de communiquer ses pensées à ces
pauvres Sauvages, pour qui son langage étoit
aussi barbare que le leur l'étoit pour lui. Pour
remédier à cet inconvénient, je lui dis que
le pere de *Vendredi* avoit apris l'Espagnol,
qu'il entendoit aussi lui-même, & que par
conséquent ce vieillard pouvoit lui servir
d'Interpréte.

Il fut fort satisfait de cette ouverture, &
rien n'étoit desormais capable de le détourner de ce dessein, mais la Providence donna
un

un autre tour à cette affaire, & la fit réüffir par un autre moyen.

Quand nous fumes venus à l'habitation des Anglois, je les fis tous affembler, & après leur avoir mis devant les yeux tout ce que j'avois fait pour leur rendre la vie agréable, dont ils témoignerent une grande reconnoiffance, je commençai à leur parler de la vie fcandaleufe, qu'ils menoient ; je leur dis qu'un Ecclefiaftique de mes amis y avoit déja fait réflexion, & qu'il traitoit leur conduite de criminelle. & d'impie. Je leur demandai enfuite, fi en contractant ces infames liaifons, ils étoient déja mariez, ou non. Ils me répondirent que deux d'entr'eux étoient veufs, & que les trois autres étoient encore garçons. Je continuai à leur demander, s'ils avoient pû en confcience avoir un commerce avec ces femmes, les apeller leurs époufes, & procréer des enfans d'elles, fans être mariez légitimement.

Ils me répondirent, comme je m'y étois bien attendu, qu'il n'y avoit eu perfonne pour les marier ; mais qu'ils s'étoient engagez devant le Gouverneur, à les prendre en qualité d'Epoufes légitimes, & que felon eux, dans les circonftances où ils fe trouvoient alors, ce mariage étoit auffi légitime, que s'il avoit été contracté devant un Prêtre, & avec toutes les formalitez requifes.

Je leur repliquai, que fans doute, ils étoient

toient mariez réellement par raport à Dieu,
& qu'ils étoient obligez en conscience, de
regarder leurs prisonnieres comme leurs légitimes Epouses. Mais que n'étant pas mariez
selon les Loix humaines, ils pouvoient, s'ils
vouloient, se mocquer d'un pareil mariage,
& abandonner leurs femmes & leurs enfans,
ce qui mettroit leurs malheureuses familles
dans un état déplorable, destituées de bien,
& d'amis. Que pour cette raison, je ne
pouvois rien faire pour eux, à moins que
d'être convaincu de la bonté de leurs intentions, que je serois obligé de tourner toute
ma charité du côté de leurs Enfans. Je leur
dis encore, que s'ils ne m'assuroient pas
qu'ils étoient prêts à épouser ces femmes, je
ne pouvois pas les laisser ensemble dans une
liaison criminelle & scandaleuse, qui devoit
indubitablement éloigner d'eux la bénédiction Divine.

Atkins prenant alors la parole pour tous
les autres, me répondit, qu'ils avoient autant d'amour pour leurs femmes, que si elles étoient nées dans leur patrie, & que
rien ne les porteroit jamais à les abandonner;
que pour lui en particulier, si on lui offroit
de le ramener en Angleterre, & de lui donner le commandement du plus beau vaisseau
de guerre de toute l'Armée Navale, il le re-
fuseroit, à moins qu'on ne lui permit de pren-
pre sa famille avec lui; & que s'il y avoit un
Ecclesiastique dans le vaisseau, il se marie-

soit dans le moment de tout son cœur.

C'étoit là justement où je l'attendois; le Prêtre n'étoit pas avec moi alors ; mais il n'étoit pas loin. Je répondis à Atkins, qu'effectivement j'avois un homme d'Eglise avec moi, & que je les voulois faire marier le lendemain , & qu'il n'avoit qu'à déliberer là-dessus avec ses camarades. *Pour moi*, répondit-il, *je n'ai que faire de déliberation , je suis prêt , si le Ministre est prêt de son côté , & je suis sûr , que tous mes compagnons sont de mon sentiment.* Je lui dis que mon ami le Ministre étoit François , & qu'il ne sçavoit pas un mot de la langue Angloise , mais que je m'offrois à servir d'Interprete. Il ne songea pas seulement à me demander s'il étoit Papiste , ou Protestant , ce que j'avois extrêmement craint. Là-dessus nous nous séparâmes , je fus rejoindre mon Prêtre, & Atkins alla déliberer sur cette affaire avec ses camarades.

Je communiquai au Religieux la réponse que mes gens m'avoient donnée , & je le priai de ne leur en parler , que quand l'affaire seroit en état d'être concluë.

Avant que je pusse encore m'éloigner de leur Plantation , ils vinrent me trouver tous en corps , & me dirent qu'ils avoient murement consideré ma proposition; qu'ils étoient ravis que j'eusse un homme d'Eglise avec moi & qu'ils étoient prêts , dès que je le trouverois bon , à me donner la satisfaction de se

ma-

marier formellement. Car ils étoient fort éloignez d'avoir la moindre envie de quitter
leurs femmes, & ils n'avoient eu que des
intentions droites, en les choisissant. Là-
dessus je leur ordonnai de me venir trouver tous le lendemain, & d'instruire leurs
femmes en attendant de la nature d'un
mariage légitime, qui devoit les assurer de
leurs maris, & leur ôter la crainte d'en
être abandonnées, quelque chose qui pût
arriver.

Il ne fut pas difficile de faire comprendre
cette affaire aux femmes, & de la leur faire goûter. Ils ne manquerent pas de venir le
lendemain à mon apartement ; & je trouvois à propos alors de produire mon homme
d'Eglise. Il n'avoit ni l'habit d'un Ministre Anglican, ni celui d'un Prêtre François.
Il étoit habillé d'une Soutane noire, liée
d'une espece d'Echarpe, ce qui lui donnoit
assez l'air d'un Ministre habillé à la legere.

D'ailleurs, ils n'en douterent point dès
qu'ils virent sa gravité, & le scrupule qu'il
se faisoit de marier ses femmes avant qu'elles fussent baptisées, & qu'elles eussent em-
brassé la Religion Chrétienne. Cette délica-
tesse de Conscience leur donna un respect extraordinaire pour lui.

Pour moi, je commençai à craindre qu'il
ne poussât ses scrupules assez loin, pour ne
les pas marier du tout ; j'avois beau l'en

R 2　　　　　vou-

vouloir détourner, il me résista avec fermeté, quoi qu'avec modestie ; & enfin il refusa
absolument d'aller plus avant, avant que
d'avoir pressé là-dessus les hommes, & les
femmes. J'avois peine d'abord à y consentir ;
mais enfin j'en tombai d'accord, parce que
je voyois le sincerité de son intention.

Il leur dit d'abord que je l'avois instruit
de leur situation & de leur dessein ; qu'il
desiroit fort de l'accomplir ; & de les marier, comme ils le souhaitoient. Mais qu'a-
vant que de le faire, il devoit absolument
avoir une sérieuse conversation avec eux :
Selon les Loix formelles de la Societé, leur
dit-il, vous avez vécu jusqu'ici dans un com-
merce illicite, & il n'y a qu'un mariage lé-
gitime, ou une separation qui puissent mettre
fin à vôtre conduite criminelle. Mais il y
a encore une autre difficulté, qui regarde
les Loix du Christianisme, & il ne m'est pas
permis de marier des Chrétiens à des Sau-
vages, à des Idolâtres, à des Payennes,
qui n'ont point reçû le Baptême : je ne vois
pas que vous ayez le tems de persuader
vos femmes à se faire baptiser, & à embras-
ser le Christianisme, dont elles n'ont jamais
peut-être entendu parler, ce qui rend leur
Baptême impossible.

Je crois, continua-t'il, *que vous êtes d'as-*
sez mauvais Chrétiens vous mêmes, & que
vous avez peu de connoissance de Dieu, &
de ses voyes : par conséquent, je crains s.ns
qu.

que vous n'avez pas dit grand, chose là dessus à vos pauvres femmes. Il m'est impossible, cela étant, de vous marier, si vous ne me promettez, que vous ferez tous vos efforts pour persuader vos femmes d'embrasser nôtre sainte Religion, & de les instruire selon vôtre pouvoir ; car il est absolument contraire aux principes de l'Evangile, de lier des Chrétiens à des Sauvages ; & je serois au desespoir de me charger la conscience d'une pareille affaire.

Ils écouterent tout ce discors avec grande attention, & je le leur traduisis mot à mot autant qu'il me fut possible. Si j'y ajoûtois quelque chose de ma façon, pour leur faire sentir la justesse des raisonnemens du Prêtre, j'avois grand soin de distinguer fidélement ses paroles d'avec les miennes. Ils me répondirent que cet honnête homme avoit raison de les accuser d'être assez mauvais Chrétiens eux-mêmes, & qu'il étoit vrai qu'ils n'avoient jamais parlé de Religion à leurs femmes. Bon Dieu, dit Guillaume Atkins, comment enseignerions-nous la Religion à nos femmes ? nous n'y entendons rien nous mêmes. D'ailleurs, si nous leur allions parler de Dieu, de Jesus-Christ, du Ciel, & de l'Enfer, nous les ferions rire seulement ; & elles nous demanderoient si nous croyions tout cela nous mêmes ? Si nous leur répondions que nous le croyions effectivement, & que nous sommes persuadez, que le Ciel

R 3   est

est pour les gens de bien, & que l'Enfer doit
être le partage des méchans, elles nous demanderoient quel seroit nôtre sort, de nous,
qui croyons toutes ces choses, & qui sommes
de si grands vauriens. Eh, Monsieur, en
voilà plus qu'il n'en faut pour les dégoûter de
nôtre Religion, aussi tôt qu'elles en entend-
dront parler. Il faut avoir de la Religion, si
l'on veut instruire là dessus les autres » At-
» kins, lui répondis-je je crains bien que tout
» ce que vous venez de dire ne soit pas trop
» vrai, mais cela n'empêche pas, que vous ne
» puissiez donner quelque idée de Religion à
» vôtre femme; vous pouvez lui dire qu'il y a
» un Dieu, & une Religion meilleure que la
sienne; qu'il y a un Etre souverain, qui a fait
tout; & qui peut détruire tout; qu'il récom-
» pense les bons, qu'il punit les méchans, &
» qu'il nous jugera tous selon nôtre condui-
» te. Quelque ignorant que vous soyez, la
» Nature elle même doit vous avoir enseigné
» ces véritez, & je suis sûr que vous en êtes
» pleinement convaincu. «

Vous avez raison, dit Atkins, mais de
quel front dirai-je tout cela à ma femme ? Elle me dira d'abord qu'il n'y a pas un mot de
verité en tout cela.

» Pas un mot de verité, lui repliquai je
brusquement, » que prétendez - vous dire, «
par là ? Oüy monsieur, repliqua-t'il, elle
me dira que tout cela ne sçauroit être, &
qu'il est impossible que Dieu soit juste dans

ses recompenses, & dans ses punitions, puisse
que je ne suis pas puni, & livré au diable,
depuis long tems, moi qui ai donné tant de
marques de michanceté à ma femme même,
& a toutes les personnes avec qui j'ai eu quelque commerce. Elle ne comprendra jamais,
comment Dieu peut me laisser vivre encore
après avoir toûjours agi d'une maniere directement oposée à ce que je lui dois representer,
comme la vertu, & comme la règle de mes
actions.

»Certainement, Atkins, lui dis-je, je
crains bien que vous n'ayez raison, « & en
me tournant alors du côté de mon Ecclesiastique, fort impatient de sçavoir le résultat
de nôtre entretien, je lui communiquai les
réponses de Guillaume.

Ecoutez donc, Monsieur, me dit-il,
dites à Atkins, que je sçai un moyen sûr de
le rendre un excélent Prédicateur pour sa
femme, c'est de se convertir lui-même; car
il faut être véritablement repentant pour prêcher avec fruit de repentance. S'il peut regarder ses péchez passez, avec une véritable
contrition, il sera mieux qualifié pour convertir sa femme que qui que ce puisse être. Il
sera propre alors a lui persuader, que Dieu
est un juste Juge par raport au bien & au mal,
mais que c'est un Etre misericordieux, dont
la bonté & la patience infinie differe la punition du coupable, pour lui donner le tems
d'avoir recours à sa Grace; qu'il ne veut pas

la

la mort du pêcheur, mais qu'il se repente &
qu'il vive, qu'il souffre même que les scelerats les plus abominables prospèrent long tems
dans leurs mauvais desseins, & qu'il en réserve le châtiment jusqu'a la vie à venir ; que
c'est une preuve evidente d'une vie future,
que souvent les gens vertueux ne reçoivent
leur récompense, ni les méchans leur punition, que dans l'autre monde. Cette réflexion
lui donnera une occasion naturelle d'enseigner
a sa femme le dogme de la Résurrection, &
du dernier Jugement. Encore un coup, qu'il
se repente lui même, & je lui suis garant de
la conversion de sa femme.

J'expliquai tout ce discours à Atkins,
qui l'écouta du air fort sérieux, & qui en parut extrêmement touché, ne pouvant souffrir qu'à peine que j'allasse jusqu'à la fin. Je
sçai tout cela, Monsieur, me dit-il, & je
sçai plus encore ; mais je n'ai pas l'effronterie
de parler là-dessus à ma femme, sçachant
que Dieu, ma conscience, & ma femme même, témoigneront que j'ai vécu jusqu'ici comme si je n'avois jamais entendu parler de
Dieu, d'une vie future, ou de quelqu'autre
matiere semblable. Pour ce que vous dites
touchant ma conversion, helas !.... Là-
dessus il poussa de profonds soupirs, & je
voyois ses yeux, se remplir de larmes.

Ah, Monsieur, reprit-il, c'est une affaire
» faite, il n'en faut plus parler. »Une affaire
»faite, Atkins, lui dis je ! Qu'entendez-
» vous

par là ? « Je ſçais bien ce que j'entends par là,
me répondit-il, je veux dire qu'il n'en eſt
plus temps. & cela n'eſt que trop vrai.

Je traduiſis au Prêtre mot à mot ce qu'Atkins venoit de dire, & ce Religieux zélé,
qui malgré les opinions particulieres de ſon
Egliſe, avoit tant de ſoin du Salut d'autrui,
qu'il ſeroit abſurde de croire qu'il fût indifférent ſur le ſien propre, ne pût s'empêcher de verſer quelques larmes. Mais s'é-
tant remis, il me pria de demander à Atkins, s'il étoit bien aiſe, que le tems de ſa
converſion fut paſſé, ou bien s'il en étoit touché, & s'il ſouhaitoit ſincerement de ſe
tromper là-deſſus. *Quelle demande*, dit Atkins avec beaucoup de paſſion. *Comment, eſt-
il poſſible, qu'un homme ſoit cont....ʃte ſe trouver dans un état, qui ne peut ....ique par
des peines éternelles ? Je ʃuis ʃ......né d'en
avoir de la joye, que je crains bien, que le de-
ʃeʃpoir ne me porte un jour à me couper la gorge, pour mettre fin à la crainte, qui me donne
de ʃi mortelles inquiétudes.*

Le Religieux, à qui je raportai les triſtes
paroles du pauvres Atkins, demeura penſif
pendant quelques momens, mais revenant
bien-tôt de ſa méditation ; *S'il ſe trouve véritablement dans cette ſituation, me dit-il, aʃ-
ʃurez le, qu'il a encore le tems de ʃe convertir,
& que Jeſus-Chriſt répandra la répentance dans
ʃon ame Dites-lui en même tems, que perʃon-
ne n'eʃt ſauvé que par le mérite, & par la mort*

de

de J. C. qui lui donnent accès au Trône de la grace, & que par conséquent il n'est jamais trop tard, pour ceux qui y recourent sincèrement. Pense-t'il qu'un pecheur soit jamais capable de se mettre, par ses crimes hors de la portée de la Miséricorde Divine ? Dites-lui encore, je vous prie, que quand il seroit vrai, que la Grace de Dieu lasse, pour ainsi dire, de s'offrir si souvent en vain, se retire quelquefois entierement d'un pecheur obstiné, il n'est jamais trop tard pourtant pour l'implorer ; & que les Ministres de l'Evangile ont un ordre général de prêcher la Grace au nom de Jesus Christ, à tous ceux qui se repentent sincèrement.

Atkins m'ayant écouté avec attention, & d'une maniere très serieuse, ne répondit rien, mais me dit qu'il alloit parler à sa femme, & se retira dans le moment même. J'adressai cependant les mêmes discours aux autres, & je remarquai qu'ils étoient tous ignorans, jusqu'à la stupidité, dans les matieres de la Religion, tout comme moi lorsque je quittai mon pere pour aller courir le monde. Cependant ils m'écouterent tous d'un air très attentif, & ils me promirent fortement de parler à leurs femmes, & de ne négliger rien pour leur faire embrasser le Cristianisme.

Quand je raportai leur réponse au Prêtre, il me regarda en souriant, & en secouant la tête : *Nous qui sommes les serviteurs de Christ, dit-il, nous ne pouvons qu'instruire, & exhor-*

ter ; & quand les gens reçoivent nos instructions,
& promettent de les suivre, nous avons fait
tout ce que nous sommes capables de faire, &
nous sommes obligez de nous contenter de leurs
promesses. Mais croyez-moi, Monsieur, continua-t'il, quels que puissent être les crimes
passez de cet Atkins, je pense que c'est le seul
de la troupe, qui se repent sincerement. Je ne
désespere pas des autres, mais je croi cette homme là veritablement touché des égaremens de
sa vie passée. Je suis sûr, que quand il parlera
de Religion à sa femme, il commencera par se
convertir lui même : car on n'aprend jamais
mieux, que quand on s'efforce d'enseigner aux
autres, & j'ai connu un homme d'une très mauvaise conduite, & qui n'avoit qu'un notion très
superficielle de la Religion, qui devint parfaitement bon Chrétien, en s'attachant à la conversion d'un Juif. Si ce pauvre Atkins commence une fois à parler à sa femme, de Jesus- Christ,
je parierois ma vie, qu'il sera sensiblement touché de ses propres discours, & qu'il se répenti-
ra réellement ; ce qui pourroit avoir de parfaite-
mens bonnes suites.

Cependant sur la promesse, que les autres
Anglois lui firent, de travailler à la conversion de leurs femmes, il les maria, en attendant qu'Atkins vint avec la sienne. Il étoit
fort curieux de sçavoir où ce dernier s'en
étoit allé & se tournant vers moi, Je vous
conjure, me dit-il, sortons de vôtre Labyrinthe, pour nous promener : je suis persuadé, que
nous

*nous trouverons quelque part ce pauvre Atkins
en conversation avec sa femme, & occupé à lui
enseigner quelques dogmes de la Religion.* Je le
voûlus bien, & je le menai par un chemin
qui n'étoit connu qu'à moi, où les arbres
étoient tellement épais, qu'il étoit difficile de
voir de dehors ce qui se passoit-là où nous
étions. Quand nous fûmes venus au coin du
bois, nous vîmes Atkins & sa femme assis à
l'ombre du bosquet, & engagez dans la conversation la plus sérieuse. J'en avertis mon
Religieux, nous les considérâmes pendant
quelque-tems avec attention, pour juger de
leurs discours, par leurs attitudes.

Nous vîmes qu'il lui montroit du doigt,
successivement le Soleil, tous les côtez du
Ciel, la Terre, la Mer, les Bois, lui-même
& sa femme : *Vous le voyez*, me dit le Prêtre, *Il lui fait un Sermon : il lui dit selon toutes
les aparences, que nôtre Dieu a fait le Ciel, la
Terre, la Mer, &c.*

Immédiatement après, nous le vîmes se
lever, se jetter à genoux, & tendre ses deux
mains vers le Ciel ; nous suposâmes qu'il parloit tout haut, mais nous étions trop loin
pour en rien entendre. Après avoir resté
dans cette posture une demie minute, il se
remit auprès de sa femme, & recommença
à l'entretenir. Nous la vîmes fort attentive,
sans sçavoir si elle parloit à son tour, ou
non. Pendant que son mari avoit été à genoux, j'avois vû de grosses larmes couler sur

les

les joües du Prêtre, & moi-même j'avois eu toutes les peines du monde à m'empêcher de pleurer. Ce qui nous chagrina beaucoup, c'étoit l'impoſſibilité d'entendre quelques expreſſions de ſa Priere.

Néanmoins nous ne voulumes pas aprocher davantage, de peur de l'interrompre, & nous nous contentâmes de certains geſtes, qui nous faiſoient aſſez comprendre le ſens de la converſation. S'étant aſſis de nouveau auprès d'elle, comme j'ai déja dit, il continua à lui parler d'une maniere très pathétique, il l'embraſſoit de tems en tems avec paſſion. D'autrefois nous le voyions tirer ſon mouchoir, eſſuyer les yeux de ſa femme, & la baiſer de nouveau avec un tranſport extraordinaire. Nous le vîmes enſuite ſe lever tout d'un coup, lui donner la main, pour ſe lever auſſi, & l'ayant menée à quelques pas de-là, ſe mettre à genoux avec elle, & y demeurer pendant quelques minutes.

A ce ſpectacle, mon ami ne fut plus le maître de ſon zele. Il s'écria à haute voix, *O ſaint Paul, ſaint Paul, les voilà qu'ils prient Dieu enſemble.* J'eus peur qu'Atkins ne l'entendît, & je le conjurai de ſe modérer pendant quelques momens, afin que nous puiſſions voir la fin d'une Scene ſi touchante. Jamais je n'en avois vû de plus propre à émouvoir le cœur, & en même-tems de plus agréable. Mon Prêtre ſe retint en effet, mais

il

il marqua par tout fon air, une extafe de joye, de voir cette pauvre Payenne prête à entrer dans nôtre fainte Religion. Tantôt il pleuroit, tantôt il levoit les mains vers le Ciel, tantôt il faifoit le figne de la Croix, tantôt il faifoit des prieres jaculatoires pour rendre graces à Dieu d'une preuve fi manifefte du fuccès merveilleux de nos deffeins; quel- quefois il parloit tout doucement & quelque- fois haut, & fes actions de graces étoient tantôt en Latin, & tantôt en François, & fouvent les pleurs étouffoient fa voix d'une telle maniere, que ce qu'il difoit, ne reffem- bloit pas à des fons articulez.

Je le conjurai de nouveau de fe tranquili- fer, afin que nous puffions examiner enfem- ble avec attention tout ce qui fe paffoit à nos yeux. La Scene n'étoit pas encore finie, & après qu'ils fe furent relevez, nous vîmes encore Atkins adreffer la parole à fa femme, avec toutes les marques d'une très grande ferveur.

Nous conjecturâmes par fes geftes, qu'elle étoit fort touchée de fes difcours; elle levoit les mains, les croifoit fur fa poitrine, & fe mettoit dans plufieurs autres attitudes con- venables à un cœur touché, & à un efprit attentif. Tout cela continua pendant un de- mi-quart d'heure, & enfuite ils s'en allerent, de forte qu'il fallut mettre là des bornes à nôtre curiofité.

Je me fervis de cet intervalle pour parler
à

à mon Religieux, & pour lui dire que j'étois charmé de ce que nous venions de voir ; que bien que je ne fuſſe pas fort crédule ſur ces converſions ſubites, je croyois pourtant qu'il n'y avoit ici que de la ſincerité, quelle que pût être l'ignorance & de l'homme, & de la femme, & que j'attendois une heureuſe fin d'un ſi heureux commencement. Que ſçait-on, *dis-je*, ſi ces deux, par la » voye de l'inſtruction & de l'exemple, n'in » flueront pas ſur la converſion de quelques » autres ? »

De quelques autres ! me répondit-il préci-pitamment, *oüi de vous autant qu'il y en a. Fiez-vous en à moi, ſi ces deux Sauvages, (car le mari ne l'a été guéres moins que la femme,) ſe rendent à Jeſus-Chriſt, ils ne ceſſeront jamais de s'attacher à la converſion des autres. Car la véritable Religion eſt communicative, & celui, qui eſt devenu réellement chrétien, ne laiſſera pas un ſeul Payen dans l'erreur, s'il eſpere l'en pouvoir tirer.* Je lui avoüai, que ſon ſentiment étoit fondé ſur un principe très chrétien, & que c'étoit une preuve d'un grand zèle, & d'un cœur fort généreux. Mais, mon cher ami, *lui dis-je*, voulez- » vous bien me permettre de vous faire ici une » ſeule difficulté ? Je ne trouve rien à dire » contre la ferveur, que vous marquez, pour » tranſporter ces gens du ſein du Paganiſme, » dans celui de la Religion Chrétienne. Mais » quelle conſolation en pouvez-vous tirer ? »

puiſ-

» puisque, selon vous, ils seront toûjours
» hors des limites de l'Eglise Catholique, sans
» laquelle vous croyez qu'il n'y a point de sa-
» lut. Convertis à la Religion Protestante,
» ils passeront chez vous pour hérétiques aussi
» damnables que les Payens eux-mêmes.

Il me répondit ainsi avec beaucoup de
candeur & de charité chrétienne : *Monsieur,
je suis Catholique, Prêtre de l'Ordre de saint
Benoît, & j'admets tous les Dogmes de l'Eglise
Romaine ; mais je vous dis sans la moindre envie de vous complimenter, & sans considérer
la situation dans laquelle je me trouve ici, que
je ne vous regarde pas, comme un homme absolument exclus de la grace de Dieu. Je ne dirai
jamais, quoique je sçache qu'on le croit généralement parmi nous, que vous ne sçauriez être
sauvé ; je n'ai garde de berner assez la Mise-
ricorde de Jesus-Christ, pour m'imaginer que
vous ne sçauriez être porté dans le sein de l'E-
glise, par des voyes, qui nous sont inconnües ;
& je suis sûr que vous avez la même charité
pour nous : je prie continuellement que vous
puissiez rentrer dans l'Eglise, par des chemins
dont je laisse le choix à l'Etre infiniment sage.
En attendant vous confesserez, je croi, qu'en
qualité de Catholique, je puis faire une différence considérable entre un Protestant, & un
Payen, entre quelqu'un qui invoque le nom de
Jesus, quoique d'une maniere que je ne juge pas
conforme à la véritable Foi, & d'un Sauvage,
un Barbare, qui ne connoît ni Dieu, ni Christ,*

ni

ni Rédempteur. Si vous n'êtes pas dans les limites de l'Eglise, vous en êtes plus près du moins, que ceux qui n'en ont jamais entendu parler. C'est par cette raison, que je me réjouis, en voyant cet homme, qui s'étoit livré à toutes sortes de crimes, adreffer fes Prieres au Sauveur, quoique je ne le croye pas parfaitement éclairé, perfuadé que Dieu, dont toute bonne œuvre procede, achevera celle-ci en le menant un jour à la connoiffance entiere de la Verité, & s'il réüffit à infpirer la Religion Chrétienne à fa pauvre femme, je ne fçaurois jamais croire, qu'il périra lui-même. Ma joye eft donc fondée, quand je vois quelqu'un aprocher de la véritable Eglife, quoi qu'il n'y entre pas auffi tôt que je le fouhaiterois. Il faut s'en fier, de la perfection de cet Ouvrage, à Dieu, qui l'achevera lors qu'il le trouvera à propos. Je ferois charmé, je vous protefte, fi tous les Sauvages reffembloient à cette bonne femme; dûffent-ils être d'abord fans Proteftans : & je croirois fermement que Dieu, ayant commencé à illuminer leur efprit, leur accorderoit de plus en plus les lumieres d'enhaut, & les feroit entrer à la fin dans le fein de fon Eglife.

J'étois fupris de la fincerité de ce pieux Papifte, à mefure que j'étois convaincu par là force de fon raifonnement, & je me mis d'abord dans l'efprit, que fi une pareille modération étoit générale parmi les hommes, nous pourrions être tous Chrétiens Catholiques, quelle que pût être la difference de nos

fentimens particuliers, & que cet efprit de
charité nous conduiroit bientôt tous aux
mêmes principes. Comme il croyoit qu'une
pareille tolerance nous rendroit tous Catholiques, je lui dis, que je m'imaginois, que
fi tous les Membres de fon Eglife étoient capables d'une charité pareille, ils feroient
bien-tôt tous Proteftans ; nous brisâmes là,
car nous n'entrions jamais dans la contro-
verfe.

Je voulus pourtant l'embaraffer un peu
fur fa tolerance, & le prenant par la main :
» Mon cher ami, lui dis-je, j'aprouve fort
» ce que vous venez de dire ; mais certaine-
» ment fi vous prêchiez une pareille doctrine
» en Efpagne ou en Italie, vous n'éviteriez
» jamais les griffes de l'Inquifition.

Cela pourroit bien être, me dit-il ; mais je
ne crois pas qu'une pareille feverité rende ces
Peuples meilleurs Chrétiens : Un excès de charité ne paffera jamais chez moi pour héréfie.

Fin de ce troifiéme Volume.

BIBLIOTHÈQUE NATIONALE
R. F.

www.ingramcontent.com/pod-product-compliance
Lightning Source LLC
Chambersburg PA
CBHW061043110426
42740CB00049B/1723